Glencoe Spanish 1

¡Buen viaje!

Testing Program

Conrad J. Schmitt

Protase E. Woodford

Glencoe
McGraw-Hill

New York, New York   Columbus, Ohio   Woodland Hills, California   Peoria, Illinois

Glencoe/McGraw-Hill

A Division of The McGraw-Hill Companies

Send all inquiries to:
Glencoe/McGraw-Hill
8787 Orion Place
Columbus, OH 43240

ISBN 0-02-641267-5

Printed in the United States of America.

3 4 5 6 7 8 9 10   009   08 07 06 05 04 03 02 01 00

INTRODUCTION

The complete Testing Program for **Glencoe Spanish 1, *¡Buen viaje!*** includes the following components, each designed to measure a specific skill or combination of skills as well as knowledge about Spanish culture:

1. Chapter and Unit Achievement Tests

2. Chapter and Unit Speaking Tests

3. Chapter Proficiency Tests

4. Chapter Quizzes (packaged separately)

5. Computer-generated Tests (packaged separately)

The Chapter/Unit Achievement Tests, Speaking Tests, and Proficiency Tests are all bound into this booklet of Blackline Masters bearing the title *Testing Program.*

Achievement vs. Proficiency Tests

A foreign language achievement test evaluates the extent to which a student has mastered the material presented in a chapter, course, or program. A proficiency test assesses a student's ability to use the language in real-life contexts. Following is a more detailed description of both the achievement and proficiency tests accompanying the **Glencoe Spanish 1, *¡Buen viaje!*** textbook.

Chapter and Unit Achievement Tests

The Chapter Achievement Tests for **Glencoe Spanish 1, *¡Buen viaje!*** measure vocabulary and grammar concepts via listening, reading, and writing formats. As an option to the teacher, the listening section of each test has been recorded by native Spanish speakers on audiocassette or compact disc. The cassette/CD is packaged with this Testing Program booklet. If the teacher chooses to read the listening comprehension test items aloud, rather than use the recorded version, the script for the listening tests is found immediately following the Listening Comprehension Answer Key. In order to test cultural information, a section corresponding to the **Lecturas culturales** in the Student Textbook is included on each test. The Chapter Achievement Tests can be administered upon the completion of each chapter of the Student Textbook. The Unit Tests can be administered upon the completion of each **Repaso** of the Student Textbook. An Answer Key is provided for both the Achievement Tests and the Listening Comprehension Tests, immediately following these tests.

Chapter and Unit Speaking Tests

The Chapter and Unit Speaking Tests are also found in the Testing Program booklet. While it may not be possible to test each individual student's speaking ability chapter by chapter, we have nevertheless provided the Speaking Tests on a chapter basis so that they are available at any time. Day-to-day interaction with students gives teachers a general idea of how each individual is progressing in his or her ability to speak Spanish. The variety of oral activities included in each chapter of the Student Textbook provides ample opportunity for teachers to monitor their students' progress in speaking. The Chapter and Unit Speaking Tests, however, allow teachers to assess the speaking skill more concretely and systematically. Each test includes several conversational topics to which the individual student should respond orally. We recommend that each student speak on two or more of the topics provided in order to give him or her the maximum opportunity to speak. The teacher may wish to add other topics to those provided on the Speaking Test.

When to Administer the Speaking Tests

Time is probably the most significant factor in a teacher's decision regarding whether to administer speaking tests. Following are some suggestions for administering a speaking test to each of the students periodically through the year while at the same time attending to the needs of the class as a whole. Perhaps the most practical approach is to schedule in-class reading or writing assignments during those times when the teacher plans to administer a speaking test to several individual students. The **Lecturas culturales** section of the chapter is the best source for in-class reading. Selected exercises in the **Vocabulario** and **Estructura** sections of each chapter are good sources for in-class writing assignments. The Writing Activities Workbook is an additional source.

Suggestions for Scoring the Speaking Tests

The following are suggestions to assist teachers in determining how to measure each student's response. Teachers may wish to place greater emphasis on the comprehensibility of the message conveyed than on grammatical accuracy. The following system is based on a scale of 1 to 5. For example:

5	(A):	Complete message conveyed, precise control of structure and vocabulary
4-3	(B-C):	Complete message conveyed, some errors in structure or vocabulary
2-1	(D):	Message partially conveyed, frequent errors
0	(F):	No message conveyed

You may wish to use the grid following the Speaking Tests as a means of keeping a tally of the date and score of each speaking test administered to your students.

Chapter Proficiency Tests

This Testing Program booklet also contains the Chapter Proficiency Tests. These measure mastery of the vocabulary and grammar presented in each chapter on a more global, whole-language level. The Proficiency Tests can be used as an option to the Achievement Tests, or they may complement them. In order to minimize the total number of class days devoted to testing, the teacher may wish to combine several chapter proficiency tests and administer them on the same day.

The Language Proficiency Interview

Some years ago linguists in U.S. Federal government service were asked to develop a scale, a set of descriptors of speaking ability, and a procedure, a face-to-face interview, to determine where someone fit on the scale. A modified scale was later developed for use in the academic community. The modified scale is commonly known as the ACTFL (American Council on the Teaching of Foreign Languages) Proficiency Scale. The scales and interviews continue to be used by schools and colleges, government agencies, and, increasingly, by public and private institutions and agencies throughout the world for testing speaking proficiency in any language. The interview tests the ability to speak, to use the language in real-life situations.

The interview appears to be a casual conversation, but it is really more than that. A good interview will enable the student to produce a ratable sample of speech, one that is sufficiently complete and representative of the student's ability to allow for the assignment of a reliable rating.

The Language Proficiency Interview is a proficiency test. That is, it is not based on a specific text, curriculum, or program of studies. Its purpose is to assess the ability of students to operate in real-life, face-to-face, language-use situations.

The Language Proficiency Interview Scale

Novice

Novice Low	Unable to function in the spoken language
Novice Mid	Able to operate in only a very limited capacity
Novice High	Able to satisfy immediate needs with learned utterances

Intermediate

Intermediate Low	Able to satisfy basic survival needs and minimum courtesy requirements
Intermediate Mid	Able to satisfy some survival needs and some limited social demands
Intermediate High	Able to satisfy most survival needs and limited social demands

Advanced

Advanced	Able to satisfy the requirements of everyday situations and routine school and work assignments
Advanced High	Able to satisfy the requirements of a broad variety of everyday, school, and work situations
Superior	Able to speak the language with sufficient structural accuracy and vocabulary to participate effectively in most formal and informal conversations

Conducting the Language Proficiency Interview

The interview consists of four phases: a warm-up, level checks, probes, and a wind-down.

1. The warm-up is intended to put the student at ease and consists of courtesies and very simple questions.

2. The level check is designed to verify that the student can perform at the level.

3. The probes are questions or stimuli at the level above the one at which the student has been responding. If the level check has verified that the student can perform at the Novice Mid level, for example, the probes should be at the Intermediate level.

4. The wind-down is the close of the interview. Once the interviewer is satisfied that the student has performed at the highest level possible, the interviewer "backs off," reduces the difficulty of the conversation so that the student can be comfortable, and ends the interview.

Length of the Interview and Target Performance

The length of the interview is directly related to the ability of the student. Novice level interviews will normally last about 5 to 8 minutes. A Superior level interview should require about 20 minutes. Students in the first year of study will typically rate in the Novice range. In the second year, performance in the Intermediate range should be expected. By the third year, students should be able to perform in the upper Intermediate range.

Level-Specific Tasks

What can the student do with the language? For each level there are tasks that the student must be able to perform. The focus is on successful completion of the task, not on grammatical perfection or precision of vocabulary. Obviously, for some high-level tasks, grammatical accuracy and precision of vocabulary are necessary to do the task. But at the Novice and Intermediate levels, all that is required is that the task be completed successfully.

TYPICAL NOVICE LEVEL TASKS

label familiar objects

repeat memorized material

count

TYPICAL INTERMEDIATE LEVEL TASKS

ask simple questions

answer simple questions

get into and out of survival situations

TYPICAL ADVANCED LEVEL TASKS

    give directions/instructions

    describe

    narrate in present, past, future

TYPICAL SUPERIOR LEVEL TASKS

    resolve problem situations

    support opinions

    hypothesize

A Note About "Situations"

The language proficiency interview "situations" are designed to present the student with a task appropriate to his or her proficiency level. Intermediate level "situations," for example, are "survival" tasks such as obtaining lodging, ordering a meal, or asking directions. For more information on "situations," please see the Introduction to the Situation Cards for *¡Buen viaje!* **Level 1.**

Samples of Typical Interviewer Questions/Probes

THE WARM-UP

Interviewer: Hola. (Buenos días.) ¿Qué tal? (Cómo estás?) Yo soy _____. ¿Quién eres tú? Hace calor (frío, fresco) hoy, ¿verdad? ¿Quién es tu profesor de español?

LEVEL CHECK

Novice Level Interviewer: ¿Qué día es hoy? ¿Cuál es la fecha hoy? ¿Qué hora es? ¿Qué es esto? *(articles of clothing/classroom objects/colors)* ¿Cuántas personas hay en tu familia? ¿Quiénes son los miembros de tu familia?

Intermediate Level Interviewer: ¿De dónde eres? ¿Cuántos años tienes? Háblame un poco de tu familia: ¿cuántos son, cuántos años tienen los miembros de tu familia, trabajan o estudian? ¿Dónde vives? ¿Cómo es tu casa? ¿Tú eres alumno(a) en qué escuela? ¿Qué cursos llevas? ¿Qué haces por la mañana (por la tarde/por la noche)? ¿Qué deportes juegas? ¿Cómo se puede ir desde aquí hasta el centro de la ciudad? ¿Dónde está la cafetería (el gimnasio/el estadio/tu casa/el correo)? ¿Quiénes son tus amigos? ¿Cuántos años tienen? ¿Cómo son? ¿A qué hora te levantas? ¿Qué comes para el desayuno (el almuerzo/la cena)? Y ahora, ¿qué quieres preguntarme a mí?

Situations:	Ordering Meals/Exchanging Money/Calling on the Phone/ Post Office/Train or Bus/Lodging/Gas Station
Advanced Level Interviewer:	¿Qué hiciste el sábado pasado? ¿Cómo llegaste a la escuela esta mañana? Cuando eras niño(a), ¿dónde vivías? Describe el pueblo donde vivías, por favor. Yo no sé jugar al béisbol; explícame cómo se juega. ¿Qué vas a hacer esta tarde después de las clases? Háblame un poco sobre la última película que has visto. ¿Qué características buscas en un/una amigo(a) bueno(a)? ¿Qué planes tienes para el futuro? ¿Qué piensas hacer después de terminar los cursos? ¿Qué hacías en la escuela primaria? ¿Qué piensas sobre lo que pasa en *(current events topic)*? Explícame cómo se usa *(equipment/machine/gadget)*. Cuando eras niño(a), ¿quién era tu mejor amigo(a) y cómo era él (ella)? ¿Has viajado a otros países? Describe un viaje que has hecho. ¿Cuál es tu equipo de deporte favorito y por qué? Algunas personas dicen que debe haber clases los sábados. ¿Qué piensas sobre esta idea? ¿Por qué?
Situations:	Same as Intermediate Situations but with complications. For example: Ordering a Meal, but can't find money/Getting Lodging, but only expensive rooms available/Getting a Train, but doesn't stop at desired station, etc.
Superior Level Interviewer:	Tú quieres ser abogado(a), ¿verdad? Entonces, ¿qué características debe tener un buen abogado(a)? ¿Qué harías sobre *(topical issue)* si fueras presidente de los EE.UU.? Mucha gente cree que los estudios universitarios deben ser gratis. ¿Qué piensas, es una idea buena o no? ¿Por qué? Si tuvieras un hermano que no quiere estudiar, ¿qué consejos le darías? Si tú fueras el/la jefe(a) de la escuela y vieras a un/una alumno(a) que está haciendo trampas durante un examen, ¿qué harías?
Situations:	Convince a Potential Drop-Out to stay in School/Introduce the Commencement Speaker/ Negotiate a Good Deal for Team Jackets/Talk Your Spanish Teacher into Giving You a Higher Grade/Talk your way out of a Parking Ticket in Madrid.
THE WIND-DOWN Interviewer:	Bueno. Entonces, ¿tienes algunas preguntas para mí? ¿Adónde vas ahora? Pues, creo que esto es todo por hoy. Gracias _____. Hasta luego.

The purpose of the wind-down is to put the candidate at ease and end the interview. It should be simple and easily understood.

The Language Proficiency Interview: A Final Note

Remember that the above questions are only samples, indicative of the kinds of questions and topics appropriate at each level. The description we have given of the language proficiency interview and scale will serve to familiarize the reader with a useful and respected tool for evaluating second-language oral proficiency. In order to administer and rate an interview properly, a thorough understanding of the scale and intensive training in interviewing and rating is usually necessary. For more information on language proficiency interviews, write to:

The American Council on the Teaching of Foreign Languages (ACTFL)
6 Executive Plaza,
Yonkers, NY 10701-6801

      or

The Center for the Advancement of Language Learning (CALL)
801 Randolph Street
Arlington, VA 22203

CAPÍTULO 1

Reading and Writing Test

(This test contains 40 items for convenience of scoring.)

Vocabulario

A. Complete the following paragraph with the appropriate words.

Antonio es un _____ mexicano. Él es de Mazatlán. Antonio es
                              1

_____ en un colegio en Mazatlán. Antonio no es un alumno perezoso; es muy
           2

_____. Guadalupe es una _____ de Antonio. Ella también es
           3   4

alumna en un _____ de Mazatlán.
                      5

B. Answer each question based on the illustration.

1. ¿Cómo es Andrés? Andrés es muy _____.

2. ¿Cómo es Sara? Sara es muy _____.

3–4. Alicia es _____. No es _____.

5. Tomás no es feo. Es _____.

C Give the opposite.

1. No es _____. Es guapo.

2. No es rubio. Es _____.

3. No es alto. Es _____.

4. No es _____. Es gracioso.

Estructura

D Complete each sentence with **un/una** or **el/la** as appropriate.

1. Pepe es alumno en _____ Colegio Juárez.

2. Pepe es _____ alumno muy serio.

3. Teresa es _____ alumna muy buena también.

4. Pero Teresa no es de México. Ella es alumna en _____ escuela secundaria en Tejas.

5. _____ escuela donde Teresa es alumna es muy buena.

E Choose the correct completion for each sentence.

1. Teresa es _____.
   a. simpático   **b.** simpática

2. Carlos es _____ de Teresa.
   a. una amiga   **b.** un amigo

3. Carlos es un amigo muy _____.
   a. bueno   **b.** buena

4. Teresa es muy _____.
   a. gracioso   **b.** graciosa

5. Pero Carlos es _____.
   a. serio   **b.** seria

F. Complete each sentence with the correct form of **ser.**

—Hola! ¿De dónde _____ tú?
1

—¿Yo? Yo _____ de Nueva York.
2

—Ah, tú _____ americano.
3

—Sí, _____ americano. Y tú, ¿de dónde _____?
4   5

—Yo _____ de México.
6

—Guadalupe _____ mexicana también.
7

G. Read the following paragraph and complete the statements based on it.

Luisa Ruiz es una amiga de Carlos Sepúlveda. Luisa es colombiana. Ella es alumna en un colegio en Bogotá, la capital. Carlos no es de Colombia. Él es de México. Él también es alumno en un colegio—el Colegio Benito Juárez. Luisa es alta y morena. Carlos es bajo y rubio. Ella es una alumna muy seria. Carlos también es serio. Martín Oliver es un amigo de Carlos. Martín es de Chicago. Es alto y rubio. Es alumno en una escuela secundaria. Martín es un muchacho muy simpático.

1. La muchacha es de _____.

2. Ella es una _____ de Carlos.

3. Carlos no es colombiano. Él es _____.

4. El muchacho americano es _____; no es moreno.

5. El Colegio Benito Juárez es el colegio de _____.

6. _____ es alta y Martín es alto también.

Cultura

H. Choose the correct completion for each sentence.

1. *El Quijote* es _____.
   a. una poesía   **b.** una novela

2. Don Quijote es un _____.
   a. escudero   **b.** caballero andante

3. Sancho Panza es _____.
   a. alto y flaco   **b.** bajo y gordo

Opcional

Lecturas opcionales

A. Choose the correct completion for each sentence.

1. _____ es la capital de Venezuela.
   a. Bogotá   **b.** Caracas   **c.** Guanajuato

2. _____ es un héroe latinoamericano.
   a. San Miguel de Allende   **b.** Venezuela   **c.** Simón Bolívar

3. Un colegio es _____.
   a. un alumno serio   **b.** una escuela primaria   **c.** una escuela secundaria

Conexiones: La geografía

B. Write as many geographical terms in Spanish as you can.

_____

_____

_____

CAPÍTULO **2**

Reading and Writing Test

(This test contains 40 items for convenience of scoring.)

Vocabulario

A. Complete each sentence with the appropriate word.

1. La clase no es pequeña. Es _____.

2. La profesora no es aburrida. Es _____.

3. Rosita Sánchez y Gloria Gómez no son altas. Son _____.

B. Choose the course that's being described.

1. la adición, la división, la multiplicación
   a. las ciencias   **b.** la aritmética   **c.** las lenguas

2. la composición, la gramática, la literatura
   a. el inglés   **b.** el arte   **c.** la historia

3. el español, el latín, el francés, el inglés
   a. el arte   **b.** la informática   **c.** las lenguas

4. los microbios, las plantas, los animales, la bacteria
   a. las matemáticas   **b.** la biología   **c.** la química

Estructura

C. Match the statement with the equivalent time.

1. La clase es a las once y cuarto.
   a. 1:15   **b.** 10:45   **c.** 11:15

2. Son las cinco y media.
   a. 5:30   **b.** 5:50   **c.** 5:15

3. Es la una menos veinte.
   a. 1:20   **b.** 1:40   **c.** 12:40

Nombre _____ Fecha _____

D. Complete each sentence with **el, la, los,** or **las.**

1. _____ profesora es muy buena.

2. _____ alumnos son inteligentes.

3–4. _____ clases en _____ Colegio Hidalgo son grandes pero son muy buenas.

5. _____ cursos son bastante difíciles.

E. Rewrite the sentences in the plural.

1. El curso no es aburrido.

_____

2. El alumno es bueno.

_____

3. La clase es interesante.

_____

4. El amigo de Susana es muy popular.

_____

5. La muchacha es cubana.

_____

F. Complete the conversation with the correct forms of the verb **ser.**

—Perdón, ¿de dónde _____ Uds.?
                        1

—Nosotros _____ de México. Y Uds., ¿de dónde
               2

_____?
      3

—Pues, yo _____ de Colombia y Carlos _____ de
              4   5

Puerto Rico. ¿_____ Uds. de la capital, de la Ciudad de México?
                 6

—No, _____ de Monterrey.
         7

G. Choose the appropriate article.

1. Yo soy _____ alumna seria.
   a. un   **b.** una   **c.** el   **d.** la

2. Leonardo es _____ muchacho inteligente.
   a. un   **b.** una   **c.** el   **d.** la

3. _____ dos amigos son muy populares.
   a. Unos   **b.** Unas   **c.** Los   **d.** Las

H. Read the following passage and choose the best completion for each statement.

Antonia y Manuel son alumnos en un colegio en Asunción. Ellos son amigos. Los dos muchachos son altos y morenos. Antonia es alumna de la profesora Gutiérrez. La señora Gutiérrez es profesora de biología. Las clases de biología son muy interesantes. No son aburridas. Pero la clase de historia es aburrida. El señor Suárez, el profesor de historia, no es muy simpático. La clase no es difícil. Es aburrida. Las clases de ciencias son muy populares, y son muy grandes. La clase de historia es pequeña. Manuel es alumno en una clase de arte. La escultura y la pintura son muy interesantes. La clase de arte es pequeña también. Una clase muy fácil es la clase de inglés. La mamá de Manuel es americana. Ella es de Nuevo México. Manuel es un alumno muy bueno en la clase de inglés.

1. Antonia y Manuel son _____.
   a. amigos   **b.** profesores   **c.** rubios

2. Son alumnos en una escuela en _____.
   a. Asunción   **b.** Miami   **c.** San Antonio

3. La señora Gutiérrez es profesora de _____.
   a. lenguas   **b.** ciencias   **c.** arte

4. _____ no es muy simpático.
   a. La señora Gutiérrez   **b.** Manuel   **c.** El señor Suárez

5. Dos clases pequeñas son _____.
   a. historia y arte   **b.** inglés y biología   **c.** ciencia y lenguas

6. La clase de inglés es _____.
   a. grande   **b.** fácil   **c.** aburrida

Cultura

I Choose the best completion for each statement.

1. Los mexicanoamericanos son de _____.
   a. ascendencia mexicana   **b.** Pueblo, Colorado   **c.** una escuela secundaria

2. Muchas personas en Miami son de ascendencia _____.
   a. mexicana   **b.** francesa   **c.** cubana

3. En los Estados Unidos hay unos _____ de hispanohablantes.
   a. veinte mil   **b.** veinticuatro   **c.** veinte millones

4. Los mexicanoamericanos hablan _____.
   a. inglés y español   **b.** inglés y cubano   **c.** español y latín

Opcional

Lecturas opcionales

A Indicate whether each statement is true or false. Write **sí** or **no**.

1. _____ El latín es la lengua extranjera más popular de las escuelas de los Estados Unidos.

2. _____ Hay muchos hispanohablantes en San Antonio.

3. _____ Una sección o zona de la Ciudad de México es una colonia.

4. _____ La Ciudad de México es una ciudad pequeña y tranquila.

5. _____ Coyoacán es una colonia elegante y bonita de la Ciudad de México.

Conexiones: La sociología

B Name some countries of Latin America where one finds a great deal of African influence.

_____

_____

C Name some countries of Latin America where one finds a great deal of Indian or indigenous influence.

_____

CAPÍTULO 3

Reading and Writing Test

(This test contains 40 items for convenience of scoring.)

Vocabulario

A. Identify each item.

1. _____

2. _____

3. _____

4. _____

5. _____

6. _____

B Choose the appropriate word from the list to complete each sentence.

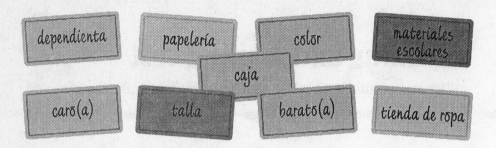

dependienta · papelería · color · materiales escolares · caja · caro(a) · talla · barato(a) · tienda de ropa

1. La _____ trabaja en la tienda.

2. El pantalón es muy _____. No cuesta mucho.

3. El alumno compra materiales escolares en la _____.

4. Paco usa la _____ treinta y seis.

5. El cliente paga en la _____.

6. El rojo es un _____ muy bonito.

7. Los lápices, bolígrafos y cuadernos son _____.

8. Carlos compra un pantalón y una chaqueta en la _____.

Estructura

C Complete each sentence with an appropriate word.

1. El alumno _____ materiales escolares para la apertura de clases.

2. Él _____ los materiales escolares en la papelería.

3. En la tienda él _____ con el dependiente.

4. Él _____ en la caja.

5. El alumno _____ los materiales escolares en la mochila.

D. Answer the following questions in complete sentences.

1. ¿Dónde compras los materiales escolares?

_____

2. ¿Dónde pagas?

_____

3. ¿Qué llevas a la escuela?

_____

E. Complete with the correct form of the verbs in parentheses.

Elena _____ (necesitar) unas cosas para la escuela. En la papelería ella
                1

_____ (comprar) los materiales escolares. En la tienda de ropa Elena
          2

_____ (hablar) con la dependienta.
          3

—¿Qué _____ (desear) Ud., señorita?
             4

—Pues, yo _____ (necesitar) una falda para la escuela.
                 5

—¿Qué color _____ (necesitar) Ud.?
                    6

—Verde o azul, por favor.

Elena _____ (comprar) una falda verde. Ella _____
                7   8
(pagar) en la caja.

F. Rewrite the following questions using **tú.**

1. ¿Qué desea Ud.? _____

2. ¿Qué color necesita Ud.? _____

G Read the following passage and answer the questions based on it.

Francisco Álvarez es de Santiago, la capital de Chile. Él habla inglés y español. Él es bilingüe. Mañana es la apertura de clases. Pero Francisco no necesita mucha ropa nueva para la escuela. ¿Por qué? Porque en Chile el alumno lleva uniforme a la escuela. El uniforme es obligatorio. Un alumno lleva un pantalón largo, una camisa y una corbata. Una alumna lleva una falda y una blusa.

1. ¿Quién es el muchacho?

_____

2. ¿De dónde es?

_____

3. ¿Cuántas lenguas habla?

_____

4. ¿Necesita mucha ropa nueva para la apertura de clases?

_____

Cultura

H Choose the best completion for each statement.

1. _____ es una escuela secundaria en España.
   a. Una clase   **b.** Un liceo   **c.** Madrid

2. La apertura de clases en Madrid es a fines de _____.
   a. septiembre   **b.** junio   **c.** octubre

3. Un alumno madrileño lleva uniforme a la escuela. No lleva _____.
   a. un pantalón negro   **b.** un blue jean   **c.** una camisa blanca

4. Una muchacha lleva _____ a la escuela.
   a. una blusa y una falda   **b.** una camiseta   **c.** un pantalón corto

Opcional

Lectural opcional 1: La ropa indígena

A. Indicate whether each statement is true or false. Write **sí** or **no.**

1. _____ La población indígena es la población india.

2. _____ En Guatemala la señora de un pueblo lleva el mismo traje que la señora de otro pueblo.

3. _____ La india del Perú lleva sombrero pero la india de Guatemala no lleva sombrero.

4. _____ Los otavaleños son los indios de Otavalo en el Ecuador.

5. _____ El señor otavaleño lleva una falda de lana oscura y un poncho.

Lectura opcional 2: Un diseñador famoso

B. Give the following information in Spanish.

1. the name of a very famous Hispanic clothing designer _____

2. the country he is from _____

3. the capital of his country _____

4. what he designs _____

5. what he has founded _____

Conexiones: La computadora

C. Match each word on the left with a related word or concept on the right.

1. _____ Internet   **a.** conjunto de instrucciones

2. _____ la computadora   **b.** transmitir información

3. _____ el módem   **c.** la Red

4. _____ el programa   **d.** el hardware

CAPÍTULO 4

Reading and Writing Test

(This test contains 40 items for convenience of scoring.)

Vocabulario

A. Write the letter of the illustration next to the sentence that describes it.

a.

b.

c.

d.

e.

1. _____ Los alumnos van a la escuela a pie.

2. _____ Ellos entran en la sala de clase.

3. _____ Los alumnos prestan atención cuando la profesora habla.

4. _____ La profesora da un examen.

5. _____ Los alumnos toman apuntes.

B Identify each item.

1. _____

2. _____

3. _____

4. _____

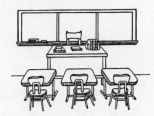

5. _____

Estructura

C Complete each sentence with the correct form of the verb(s) in parentheses.

1. Los alumnos _____ a la escuela. (llegar)

2. Nosotros _____ en la sala de clase. (entrar)

3. Nosotros _____ al profesor. (mirar)

4–5. Los alumnos _____ atención cuando el profesor

_____ . (prestar, hablar)

6. Yo _____ una nota muy buena en español. (sacar)

Nombre _____ Fecha _____

D. Write three sentences describing the illustration.

1. _____

_____

2. _____

_____

3. _____

_____

E. Make up three sentences using the words in each column.

yo

ir
dar
estar

una fiesta
a la escuela
en la clase
de español

1. _____

2. _____

3. _____

F. Answer the following questions with **sí** or **no.**

1. ¿Dan los miembros del Club de español una fiesta?

_____

2. ¿Vas a la fiesta?

_____

3. ¿Estás en la fiesta ahora?

_____

G. Complete each sentence with the correct word(s).

1. José y Luis van _____ Colegio Hidalgo.

2. Los alumnos escuchan _____ profesor.

3. Voy _____ escuela en el bus escolar.

H. Read the following passage and answer the questions based on it.

Soy Alejandro Cásares. Roberto García y yo somos amigos y somos alumnos en la universidad. Todos los sábados vamos a la casa de otro amigo a las diez de la mañana y estudiamos. Por la noche damos una fiesta. Invitamos a los amigos. Llegan veinte o treinta amigos. Llega también Diana Borges. Diana es una amiga muy buena de Roberto. Diana es muy graciosa. Ella trabaja en la televisión. Durante la fiesta ella canta y baila.

Hoy no damos una fiesta. Yo no estoy bien. Estoy enfermo. Roberto prepara una merienda. Roberto y yo miramos un video. Y Roberto habla por teléfono. ¿Con quién habla? Pues, habla con Diana.

1. ¿Quiénes son amigos?
   a. Alejandro y Roberto.
   b. Diana y Alejandro.
   c. No hay amigos.

2. ¿Dónde estudian los dos muchachos?
   a. En una escuela secundaria.
   b. En una universidad.
   c. En un colegio.

3. ¿Qué dan los muchachos los sábados por la noche?
   a. Un video.
   b. La televisión.
   c. Una fiesta.

4. ¿Quién es Diana Borges?
   a. Una compañera de la universidad.
   b. Una amiga de Roberto.
   c. Una profesora.

5. ¿Dónde trabaja Diana?
   a. En la fiesta.
   b. En la tienda.
   c. En la televisión.

6. ¿Por qué no dan los muchachos una fiesta hoy?
   a. Van a la universidad.
   b. Miran un video.
   c. Alejandro no está bien.

7. ¿Por qué es Roberto un amigo muy bueno?
   a. Mira un video.
   b. Prepara una merienda para los dos.
   c. Habla por teléfono.

Cultura

I. Indicate whether each statement is true or false. Write **sí** or **no**.

1. _____ El Perú es un país de la América del Sur.

2. _____ Miraflores es la capital del Perú.

J. Indicate whether each statement describes a school in the United States or Latin America. Write US or LA for your answer.

1. _____ Muchas escuelas privadas no son mixtas.

2. _____ Los alumnos van de un salón a otro. La clase de álgebra es en un salón y la clase de español es en otro salón.

3. _____ Los alumnos llevan uniforme a la escuela.

Opcional

Lectural opcional 1: Una conferencia universitaria

A. Indicate whether each statement is true or false. Write **sí** or **no**.

1. _____ Los estudiantes en una universidad dan conferencias a los profesores.

2. _____ La primera conferencia universitaria en las Américas es en inglés.

3. _____ La universidad más antigua de las Américas es Harvard.

4. _____ Un profesor de la Universidad de Santo Domingo da (o pronuncia) la primera conferencia universitaria en las Américas.

5. _____ Una conferencia es *a lecture*.

Lectura opcional 2: Gabriela Mistral (1889–1957)

B. Answer the following questions.

1. ¿Qué es Gabriela Mistral? _____

2. ¿De dónde es Gabriela Mistral? _____

3. ¿Dónde enseña ella? _____

4. ¿Dónde está la Patagonia? _____

5. ¿Qué premio gana Gabriela Mistral? _____

Conexiones: La biología

C. Complete each sentence with the appropriate word(s).

1–2. La _____ es la ciencia que estudia las plantas y los

_____.

3. Los biólogos trabajan en un _____.

4. Los biólogos usan un _____.

5. La _____ es el elemento básico y más importante de los seres humanos.

UNIT TEST: CAPÍTULOS **1–4**

Reading and Writing Test

(This test contains 50 items for convenience of scoring.)

Vocabulario

A. Identify each item.

1. _____

2. _____

3. _____

4. _____

5. _____

6. _____

7. _____

8. _____

9. _____

10. _____

B Indicate whether each statement is true or false. Write **sí** or **no.**

1. _____ Un colegio es una escuela secundaria en España o Latinoamérica.

2. _____ Una persona graciosa es una persona muy seria.

3. _____ Hay muchos alumnos en una clase grande.

4. _____ El profesor estudia y los alumnos enseñan.

5. _____ Una clase aburrida es muy interesante.

6. _____ El dependiente trabaja en una tienda.

7. _____ Teresa compra una camiseta en la papelería.

8. _____ Una camisa que no cuesta mucho es bastante barata.

9. _____ Los alumnos prestan atención cuando el profesor habla.

10. _____ En una fiesta del Club de español los alumnos bailan y cantan.

Estructura

C. Complete each sentence with the correct form of the verb(s) in parentheses.

1. El muchacho _____ alto y guapo. (ser)

2. Las dos muchachas _____ amigas muy buenas. (ser)

3. Nosotros _____ alumnos en la misma escuela. (ser)

4. Nosotros _____ a la escuela a las ocho de la mañana. (llegar)

5–6. Yo _____ a la escuela a pie pero José y Teresa

_____ en carro. (ir, ir)

7. Yo _____ el español. (estudiar)

8. ¿Tú _____ un curso de español también? (tomar)

9. Yo no _____ en la clase de español ahora. (estar)

10. Carmen, Anita y yo (nosotros) _____ en el laboratorio de biología. (trabajar)

D. Answer the following questions in complete sentences.

1. ¿Quién eres?

_____

2. ¿Cómo vas a la escuela?

_____

3. ¿Qué estudias en la escuela?

_____

4. ¿A qué hora es la clase de español?

_____

5. ¿Cómo es el profesor o la profesora de español?

_____

Nombre _____ Fecha _____

E Complete each sentence with the correct form of the adjective in parentheses.

1. Voy a comprar una camisa _____. (verde)

2. Luisa y yo sacamos notas buenas. Somos bastante _____. (inteligente)

3. La química y la física son cursos _____. (difícil)

4. Josefina, tú eres bastante _____. (alto)

5. Ricardo y Julio son dos muchachos _____. (popular)

F Complete each sentence with the correct word(s).

1. Vamos _____ escuela a las ocho.

2. Ahora yo voy _____ laboratorio de biología.

3. Escuchamos _____ profesor cuando él habla.

Cultura

G Indicate whether each statement is true or false. Write **sí** or **no**.

1. _____ Caracas es la capital de Venezuela.

2. _____ El español es la lengua oficial de 21 países en las Américas y Europa.

3. _____ En Madrid, la apertura de clases es en mayo.

4. _____ El Perú es un país de la América del Sur.

H Choose the correct completion for each statement.

1. Don Quijote es _____.
   a. un escudero   b. un colegio   c. un caballero andante

2. Sancho Panza es _____.
   a. alto y delgado   b. bajo y gordo   c. moreno y guapo

3. Don Quijote y Sancho Panza son de _____.
   a. Madrid   b. La Mancha en España   c. México

CAPÍTULO 5

Reading and Writing Test

(This test contains 40 items for convenience of scoring.)

Vocabulario

A. Complete the following paragraph based on the illustrations.

Jose está en un _____. José _____ el menú. Él
                              1   2

_____ una hamburguesa y _____. Él bebe una
                    3   4

_____. Él habla con el _____. Él paga la
                    5   6

_____.
            7

B. Identify each item.

1–4. En el mercado venden:

 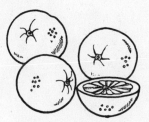  

_____ _____ _____ _____

C. Complete the following mini-conversations.

1. —¿Qué _____ Uds.?
   —Un café con leche, por favor.
   —Y para mí, un té helado.

2. —¿Quién va a pagar?
   —Yo. Insisto. Mesero, _____, por favor.
   —Sí, señorita. Enseguida.

3. —Señor, ¿_____ están las habichuelas hoy?
   —Cincuenta pesos el kilo, señora.
   —Medio kilo, por favor.

4. —¿Algo más, señora?
   —No, _____, gracias.

Estructura

D. Complete each sentence with the correct form of the verb in parentheses.

1. Nosotros _____ en la cafetería de la escuela. (comer)

2. Marisol _____ el menú. (leer)

3. ¿Tú _____ papas fritas? (comer)

4. Yo no. Yo _____ una ensalada de frutas. (comer)

5. Después del almuerzo los alumnos van a clase. Los alumnos _____ mucho en la escuela. (aprender)

6. Hoy los alumnos _____ un video en la clase de español. (ver)

7–8. En la clase de español, nosotros _____ y _____.
   (hablar, escribir)

E. Answer the following questions in complete sentences.

1. ¿Dónde viven Uds.?

_____

2. En la clase de inglés, ¿escriben Uds. muchas composiciones?

_____

3. ¿Leen Uds. muchas novelas?

_____

4. ¿Comprenden Uds. al profesor o a la profesora cuando habla?

_____

F. Read the following passage and answer the questions based on it.

La señora Romero vive en la Ciudad de México. Por la mañana ella va al mercado a comprar comestibles. Ella va al Mercado de la Merced. En el Mercado de la Merced ella compra vegetales, frutas, carne y pescado.

A veces la señora necesita algunos productos congelados o algunos detergentes. Luego la señora Romero va al supermercado. En el supermercado ella compra un bote de atún, un paquete de papas fritas congeladas y una botella de detergente. En el supermercado la señora Romero paga en la caja.

1. ¿De dónde es la señora Romero?

_____

2. ¿Adónde va ella por la mañana?

_____

3. ¿Qué compra?

_____

4. ¿Cuándo va ella al supermercado?

_____

5. ¿Dónde paga la señora en el supermercado?

_____

Cultura

G. Choose the correct completion for each sentence.

1. José Luis es de la capital de España. Él es de _____.
   a. Bogotá   b. Lima   c. Madrid

2. Después de las clases, un grupo de amigos de José Luis va _____.
   a. a un café   b. al mercado   c. a la papelería

3. Ellos van a un café al aire libre _____.
   a. por la mañana   b. para el almuerzo   c. cuando no hace frío

4. Pasan _____ en el café.
   a. un día   b. unos momentos   c. una hora o más

5. En el café ellos toman _____.
   a. un refresco   b. una orden   c. apuntes

6. Hablan y hablan. Hablan _____.
   a. de la escuela, de los amigos   b. del café   c. de la mesa

H. Indicate whether the statement describes a custom in the United States or in Spain.

	ESTADOS UNIDOS	ESPAÑA
1. Cenan a las seis o las seis y media.	_____	_____
2. Cenan a las diez o las diez y media de la noche.	_____	_____

Opcional

Lectura opcional 1: Las horas para comer

A. Answer the following questions.

1. ¿Dónde come la gente más tarde, en los Estados Unidos o en Latinoamérica?

_____

2. En España, ¿adónde va la gente a eso de las diez de la mañana?

_____

3. ¿Qué toman?

_____

4. ¿A qué hora es el almuerzo en España?

_____

5. ¿Dónde toma la gente el almuerzo?

_____

Lectura opcional 2: ¿Mercado o supermercado?

B. In English, write what you learned about markets and supermarkets in Spain and Latin America.

_____

_____

_____

Conexiones: La aritmética

C. Write the following problems using numbers and symbols.

1. Dos y tres son cinco. _____

2. Veintiuno entre tres son siete. _____

3. Ocho por dos son dieciséis. _____

4. Quince menos nueve son seis. _____

CAPÍTULO **6**

Reading and Writing Test

(This test contains 50 items for convenience of scoring.)

Vocabulario

A. Complete each sentence with the correct word.

1. Los padres de mis padres son mis _____.

2. La hija de mis padres es mi _____.

3–5. El hermano de mi padre es mi _____. Y su esposa o

_____ es mi tía. Sus hijos son mis _____.

6. Mi hermano tiene catorce años. Él no es viejo. Es _____.

7. Una casa particular es una casa _____.

B. Identify each item.

 **1.** _____

 **2.** _____

3. _____

4. _____

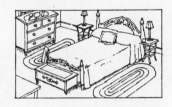

5. _____

6. _____

7. _____

8. _____

9. _____

10. _____

C. Answer the following questions in one or two words.

1. ¿Tiene una casa de apartamentos muchos pisos?

_____

2. ¿Qué hay en el garaje?

_____

3. ¿Cuáles son dos animales domésticos?

_____

4. ¿Qué da una familia en honor de una muchacha o un muchacho que va a celebrar su cumpleaños?

_____

Estructura

D. Answer the following questions in complete sentences.

1. ¿Cuántas personas hay en tu familia?

_____

2. ¿Cuántos años tienes?

_____

3. ¿Tienen Uds. una casa privada o un apartamento?

_____

E. Complete each sentence with the correct form of the verb **tener.**

1. José y su hermano _____ un perro.

2. Su perro _____ dos años.

3. ¿_____ tú un perro?

4–5. No, yo _____ un gato. Y mi hermano y yo (nosotros)

_____ un hámster.

F. Complete each sentence with the correct form of **tener que** and **ir a.**

1–2. Yo _____ estudiar y _____ estudiar.

3–4. Uds. _____ ir a la fiesta y _____ ir a la

fiesta.

5–6. Nosotros _____ comprar un regalo y _____

comprar un regalo.

G. Complete each sentence with the correct possessive adjective.

1. Yo vivo en una casa en la calle Mayor. _____ casa tiene seis cuartos.

2. ¿Cuántos cuartos tiene _____ casa, José?

3–5. Yo tengo dos hermanos. _____ hermanos y yo vamos a la misma

escuela. _____ escuela es una escuela muy buena y

_____ cursos son interesantes.

6–7. Mis hermanos y yo no tenemos los mismos profesores. Mi hermano Tomás estudia el

español. _____ profesor de español es el señor Morales. Yo también

estudio el español pero _____ profesora de español es la señora

White.

H Read the following passage and answer the questions based on it.

Los Benavides viven en Las Condes, en Santiago de Chile. El señor Benavides es músico. Él toca el violín en una orquesta sinfónica. La señora Benavides, doña Consuelo, es bióloga. Ella trabaja en un laboratorio en Santiago. Ella trabaja seis días a la semana. Ella tiene que estar en el trabajo a las ocho de la mañana.

La casa de los Benavides tiene dos pisos. Alrededor de la casa hay un jardín. En el jardín hay muchas plantas. También hay un garaje donde está el carro. El garaje está cerca de la casa.

Los padres del señor Benavides y los padres de doña Consuelo viven en Santiago, en Providencia. Los Benavides tienen tres hijas y un hijo. El domingo es el día de las fiestas familiares, en Las Condes o en Providencia. Entre abuelos, tíos, hijos y sobrinos, hay más de treinta personas.

1. ¿Dónde está Las Condes?
   a. En Providencia.
   b. En Santiago de Chile.
   c. En una orquesta sinfónica.

2. ¿Quién trabaja en un laboratorio?
   a. La bióloga.
   b. El músico.
   c. La orquesta.

3. ¿A qué hora tiene que estar en el laboratorio la señora Benavides?
   a. Seis días a la semana.
   b. En dos pisos.
   c. A las ocho de la mañana.

4. ¿Qué hay en el garaje?
   a. Un coche.
   b. Dos pisos.
   c. Muchas plantas.

5. ¿Cuándo tiene fiestas la familia Benavides?
   a. Hay más de treinta personas en la familia.
   b. Tiene fiestas en Las Condes y en Providencia.
   c. Los domingos.

Cultura

1. Choose the correct answer to each question.

   1. ¿Para quién es el bautizo?
   a. Para los padrinos.
   b. Para los padres.
   c. Para el bebé.

   2. Cuando un joven hispano habla de su familia, ¿de quiénes habla?
   a. De sus padres y sus hermanos solamente.
   b. De sus padrinos.
   c. De toda su familia: sus abuelos, padres, tíos, hermanos, padrinos, etc.

   3. ¿Cómo es la familia en la sociedad hispana?
   a. Muy pequeña.
   b. Muy importante
   c. Como los padrinos.

Opcional

Lectura opcional 1: La quinceañera

A. Answer the following questions.

   1. ¿Quién es la quinceañera?

   _____

   2. ¿Qué da la familia en honor de la quinceañera?

   _____

   3. ¿Quiénes asisten o van a la fiesta?

   _____

   4. ¿Qué dan a la quinceañera?

   _____

Lectura opcional 2: *Las Meninas*

B. Choose the correct answer to each question.

1. ¿Qué es un álbum?
   a. Una foto adorable.   **b.** Una colección de fotos.

2. ¿Qué es un retrato?
   a. Una foto de una persona.   **b.** Una pintura de una persona.

3. ¿Qué es *Las Meninas*?
   a. Un pintor.   **b.** Un cuadro famoso.

4. ¿Está el pintor o artista en el cuadro?
   a. Sí, Velázquez está en el cuadro.   **b.** No, Velázquez no está en el cuadro.

5. ¿A quién vemos en el cuadro?
   a. A un bebé adorable.   **b.** A la familia real.

Conexiones: El arte

C. Write the names of four famous Hispanic painters and indicate the country each one is from.

1. _____

2. _____

3. _____

4. _____

D. Choose the correct completion for each sentence.

1. El pintor pinta con _____.
   a. un caballete   **b.** una materia   **c.** una espátula o un pincel

2. El pintor pinta sobre _____.
   a. acuarela   **b.** un lienzo   **c.** un observador

3. La materia es _____.
   a. la cosa o persona que pinta el artista   **b.** la pintura o el lápiz que usa el artista para pintar   **c.** el caballete

4. _____ enfatiza el diseño, no la materia.
   a. Una obra figurativa   **b.** Una obra abstracta   **c.** Un acrílico

5. _____ es la persona que ve o mira el cuadro.
   a. El pintor   **b.** La materia   **c.** El observador

6. Las montañas, el océano, etc., son _____.
   a. una persona   **b.** un paisaje   **c.** una batalla

CAPÍTULO **7**

Reading and Writing Test

(This test contains 40 items for convenience of scoring.)

Vocabulario

A. Choose the word that best completes each sentence.

1. Ellos juegan fútbol en _____.
   a. el campo   **b.** el cesto   **c.** el portero

2. Hay once _____ en el equipo.
   a. balones   **b.** jugadores   **c.** tantos

3. En un partido de fútbol los jugadores tiran el balón con _____.
   a. la mano   **b.** el pie   **c.** el brazo

4. Para meter un gol y marcar _____, el balón tiene que entrar en la portería.
   a. una base   **b.** una entrada   **c.** un tanto

5. En un partido de béisbol hay nueve _____.
   a. tiempos   **b.** entradas   **c.** bases

6. En el béisbol los jugadores atrapan la pelota con _____.
   a. un guante   **b.** un bate   **c.** una red

7. En el béisbol los jugadores _____ de una base a otra.
   a. corren   **b.** atrapan   **c.** lanzan

8. En el básquetbol los jugadores _____ con el balón.
   a. batean   **b.** driblan   **c.** atrapan

9. En el básquetbol los jugadores meten el balón en _____.
   a. el cesto   **b.** la portería   **c.** el platillo

10. Los espectadores van _____ a ver un partido de fútbol.
    a. a la cancha   **b.** al estadio   **c.** a la portería

B Identify each item or person.

1. _____

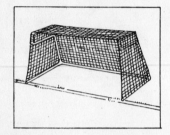

2. _____

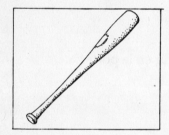

3. _____

4. _____

5. _____

C. Complete each sentence with the correct form of the verb in parentheses.

1. El segundo tiempo _____. (empezar)

2. Los jugadores _____ al campo. (volver)

3. Un equipo _____ y el otro gana. (perder)

4–5. Los dos equipos _____ ganar pero no _____.
(querer, poder)

6. ¿Qué deporte _____ tú? (jugar)

7–8. Nosotros _____ jugar fútbol pero _____ béisbol
también. (preferir, jugar)

9. Algún día en el futuro, yo _____ ser un(a) jugador(a) profesional.
(querer)

10. ¿_____ Uds. jugar en el partido o ser espectadores? (Preferir)

D. Choose the correct answer to each question.

1. ¿Empiezan Uds. a jugar a las tres?
   a. No, empezamos a las cuatro.
   b. No, empiezo a las cuatro.
   c. No, empiezan a las cuatro.

2. ¿Qué quieres?
   a. Quieres ir a la fiesta.
   b. Queremos ir a la fiesta.
   c. Quiero ir a la fiesta.

3. ¿Ganan ellos siempre?
   a. No, Uds. a veces pierden.
   b. No, pierden a veces.
   c. No, a veces perdemos.

4. ¿Cuándo juegas al béisbol?
   a. Juegan en la primavera.
   b. Jugamos en la primavera.
   c. Juego en la primavera.

5. ¿Pueden Uds. hablar inglés en la clase de español?
   a. No, no puedo.
   b. No, no podemos.
   c. No, no pueden.

E. Complete each sentence with the correct form of the verb in parentheses.

1. Me _____ mucho los deportes. (interesar)

2. ¿Qué deporte te _____ más? (gustar)

3. Me _____ más el básquetbol. (gustar)

4. No nos _____ los deportes. (aburrir)

F. Complete the following mini-conversation.

—José, ¿_____ gusta comer?
     1

—Sí, mucho. _____ gustan los vegetales, las frutas, las carnes—todo.
           2

Cultura

G. Indicate whether each statement is true or false. Write **sí** or **no**.

1. _____ En el fútbol, si el partido está empatado, un equipo gana.

2. _____ El Real Madrid es un estadio grande.

3. _____ Cada cuatro años, los equipos nacionales de fútbol compiten en la Copa mundial.

4. _____ Da Silva es del Brasil y juega con el Real Madrid.

Opcional

Lectura opcional 1: Deportes populares

A. Answer the following questions.

1. ¿Cuál es un deporte muy popular en todos los países hispanos?

_____

2. ¿Hay muchos equipos nacionales en Latinoamérica?

_____

3. ¿Cuáles son tres países hispanos donde es popular el béisbol?

_____

B. Indicate whether each statement is true or false. Write **sí** or **no.**

1. _____ Hay muchos jugadores hispanos en los equipos de las Grandes Ligas de los Estados Unidos.

2. _____ El béisbol es esencialmente un deporte hispano.

Lectura opcional 2: El «jai alai» o la pelota vasca

C. Indicate whether each statement is true or false, Write **sí** or **no.**

1. _____ El «jai alai» es una palabra mexicana.

2. _____ El país vasco está en el norte de España.

3. _____ Otro nombre que tiene el «jai alai» es la pelota vasca.

4. _____ Juegan «jai alai» en un campo como un campo de fútbol.

5. _____ El jugador de «jai alai» mete la pelota en un cesto como en el juego de básquetbol.

Conexiones: La arqueología

D. In your own words in English, write a short paragraph about the archeological discoveries in Latin America that involve sports.

_____

_____

_____

_____

UNIT TEST: CAPÍTULOS **5–7**

Reading and Writing Test

(This test contains 50 items for convenience of scoring.)

Vocabulario

A. Write the names of two foods in Spanish.

1. _____

2. _____

B. Choose the correct words to complete the conversation that takes place at a café. Write the
words in the spaces provided.

MESERO:	Sí, señores, ¿qué _____ (miran, desean) Uds.? 1
ANITA Y JOSÉ:	Un menú, por favor.
MESERO:	Ah, perdón. Aquí tienen Uds. el menú. *(Anita mira y lee el menú.)*
ANITA:	Para mí, una hamburguesa, por favor.
MESERO:	Y para _____ (beber, comer), señorita? 2
ANITA:	Una Coca-Cola, por favor.
MESERO:	¿Y Ud., señor?
JOSÉ:	Para _____ (comer, beber), una ensalada de atún. Y para 3 beber, _____ (un té, pan). 4 *(Anita y José comen.)*
JOSÉ:	Mesero, quiero pagar. _____ (El menú, La cuenta), por favor. 5
MESERO:	Enseguida.
JOSÉ:	¿Está incluido el _____ (menú, servicio)? 6
MESERO:	Sí, señor.

C. Complete the following conversation that takes place at the market.

—¿A _____ están los tomates, por favor?
          1

—Están a cincuenta pesos el kilo.

—Un kilo, por favor.

—¿_____ más, señora?
   2

—No, _____ más, gracias.
      3

—Entonces son cincuenta pesos.

D. Choose the best completion for each sentence.

1. Los padres de mis padres son mis _____.
  a. tíos   **b.** abuelos   **c.** nietos

2. Mi hermano y yo somos _____ de nuestros tíos.
  a. los primos   **b.** los nietos   **c.** los sobrinos

3. Los hermanos de mi madre y los hermanos de mi padre son mis _____.
  a. tíos   **b.** primos   **c.** padrinos

4. Una casa grande tiene diez _____.
  a. escaleras   **b.** cuartos   **c.** apartamentos

5. Preparamos las comidas en _____.
  a. la sala   **b.** el comedor   **c.** la cocina

6. Tomamos _____ por la mañana.
  a. el desayuno   **b.** el almuerzo   **c.** la cena

E   Identify each item.

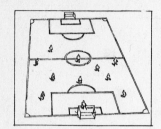

1. _____

2. _____

3. _____

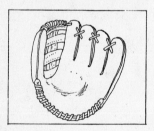

4. _____

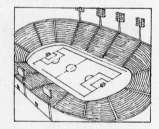

5. _____

TESTING PROGRAM
Copyright © Glencoe/McGraw-Hill

F. Choose the correction completion for each sentence.

1. En un partido de fútbol, los jugadores vuelven al campo cuando empieza el segundo

   _____.

   a. cesto   **b.** tiempo   **c.** jugador

2. Los jugadores de fútbol _____ el balón con el pie.
   a. encestan   **b.** driblan   **c.** tiran

3. Hay nueve _____ en un partido de béisbol.
   a. equipos   **b.** entradas   **c.** bases

4. Los dos equipos _____ ganar pero uno tiene que perder.
   a. pueden   **b.** empiezan a   **c.** quieren

Estructura

G. Complete each sentence with the correct form of the verb(s) in parentheses.

1-2. Cuando _____ el segundo tiempo los dos equipos

   _____ al campo. (empezar, volver)

3. Nosotros _____ ver el partido. (querer)

4. ¿Dónde _____ Uds. el partido? (ver)

5. El Perú _____ contra el Ecuador. (jugar)

6. Yo _____ ir al estadio. (poder)

7. Después del partido nosotros vamos a un café y _____ algo. (comer)

8. Yo _____ el menú. (tener)

Nombre _____ Fecha _____

H. Answer the following questions in complete sentences.

1. ¿Cuántos años tienes?

_____

2. ¿Juegas fútbol?

_____

3. ¿Prefieres jugar o ser espectador(a)?

_____

4. ¿Pueden Uds. ir a ver el partido?

_____

I. Complete the following mini-conversation.

—José, ¿ _____ interes _____ los deportes?
           1   2

—Sí, _____ interes _____ mucho.
       3   4

—¿Qué deporte _____ gust _____ más?
                5   6

—Prefiero el béisbol.

—A mí, no. _____ gust _____ más el fútbol.
          7   8

J. Complete each sentence with the correct possessive adjective.

1–2. Yo tengo dos hermanos. Los hijos de _____ padres son

_____ hermanos.

3. Los padres tienen que educar a _____ hijos. Es una obligación muy seria.

4. Mis hermanos y yo tenemos un primo. _____ primo vive en Los Ángeles.

TESTING PROGRAM
Copyright © Glencoe/McGraw-Hill

CAPÍTULO **8**

Reading and Writing Test

(This test contains 40 items for convenience of scoring.)

Vocabulario

A. Complete each sentence according to the illustration.

1. Carolina no está contenta. Está _____.

2–4. Ana no está bien. Está _____. Tiene la

gripe. Tiene _____ y

_____.

5. Elena tiene _____.

6–7. Ella habla con _____ en su

_____.

8–9. —Doctor, me _____ la garganta. Tengo

_____ de garganta.

B Choose the best completion for each sentence.

1. El joven no está bien. Está _____.
   a. contento   **b.** enfermo   **c.** médico

2. Él estornuda mucho. Tiene _____.
   a. catarro   **b.** tos   **c.** dolor de cabeza

3. No quiero comer. Me duele _____.
   a. la cabeza   **b.** el pie   **c.** el estómago

4. Los _____ trabajan en un hospital.
   a. enfermos   **b.** médicos   **c.** pacientes

5. El médico _____ medicamentos.
   a. despacha   **b.** examina   **c.** receta

6. El médico me _____ antibióticos.
   a. despacha   **b.** examina   **c.** receta

7. Tengo que tomar _____ con cada comida.
   a. una diagnosis   **b.** una pastilla   **c.** una receta

Estructura

C Write six sentences using words from each category.

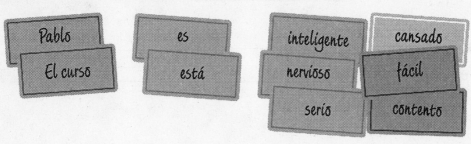

Pablo	es	inteligente	cansado
El curso	está	nervioso	fácil
		serio	contento

1. _____

2. _____

3. _____

4. _____

5. _____

6. _____

D. Complete each sentence with the correct form of **ser** or **estar**.

1. San Juan _____ la capital de Puerto Rico.

2. San Juan _____ en Puerto Rico.

3–4. Sandra _____ de San Juan pero ahora _____ en Ponce, en el sur de la isla.

5. Ahora nosotros _____ en la clase de español.

6–7. La profesora de español _____ muy interesante pero hoy

_____ enferma.

E. Complete with the correct pronouns.

—José, ¿_____ ve tu mamá?
　　　　　　1

—Sí, _____ ve. Mamá, ¿_____ quieres hablar?
　　　　2　　　　　　　　　　　　　　　3

—Sí, mi Joselito. _____ quiero hablar.
　　　　　　　　　4

F. Write three sentences based on the illustration.

1. _____

2. _____

3. _____

Lectura cultural

G. Choose the correct answer to each question.

1. ¿Por qué está de mal humor Patricia?
   a. Porque está enferma.
   b. Porque está en clase.
   c. Porque está contenta.

2. ¿Qué hay mañana?
   a. Hay un examen importante.
   b. Hay una fiesta grande.
   c. Hay un partido importante de fútbol.

3. ¿Adónde va Patricia para ver al médico?
   a. Va al colegio.
   b. Va a la farmacia.
   c. Va al consultorio.

4. ¿Por qué está nerviosa Patricia?
   a. Porque no quiere jugar fútbol.
   b. Porque no puede jugar fútbol si está enferma.
   c. Porque no puede ir al colegio si está enferma.

Opcional

Lectura opcional 1: La farmacia

A. Answer the following questions.

1. En los Estados Unidos, ¿qué es necesario tener si uno tiene que comprar antibióticos?

   _____

2. ¿A quién tiene que ver el enfermo para tener o conseguir una receta?

   _____

3. ¿Qué medicamentos no puede despachar el farmacéutico en los países hispanos?

   _____

4. En Latinoamérica y en España, ¿quién vende los medicamentos?

   _____

5. ¿Dónde es mucho más bajo el precio de las medicinas?

   _____

Lectural opcional 2: Una biografía: El doctor Antonio Gassett

B. Write four things about **el doctor Gassett.**

1. _____

2. _____

3. _____

4. _____

Conexiones: La nutrición

C. Indicate whether each statement is true or false. Write **sí** or **no.**

1. _____ Una buena dieta consiste en una variedad de vegetales, frutas, granos, carnes y pescados.

2. _____ Todos nosotros necesitamos o requerimos el mismo número de calorías cada día.

3. _____ Nuestro nivel de actividad física tiene una influencia sobre el número de calorías que necesitamos.

4. _____ Algunas vitaminas contienen muchas grasas.

5. _____ En muchos individuos el consumo de lípidos o grasas puede elevar el nivel de colesterol.

CAPÍTULO **9**

Reading and Writing Test

(This test contains 40 items for convenience of scoring.)

Vocabulario

A. Complete each sentence with an appropriate word from the list below.

1. Hay muchas olas en _____ .

2. Ellos toman el sol en _____ .

3. Ellos _____ en el mar.

4. El hotel tiene _____ grande.

5. _____ da protección contra el sol.

6. Llevamos _____ cuando nadamos.

B. Complete each sentence with an appropriate word.

1. Es necesario tener una _____ para jugar tenis.

2. Hace frío y _____ en el invierno.

3–4. Los esquiadores llevan _____ y _____ .

5. Carlos bajó la _____ para expertos.

Estructura

ᔐ   Ricardo Fonseca wrote the following composition for his Spanish class. Read it and answer the questions based on it. One- or two-word answers are acceptable.

El verano pasado pasé mis vacaciones en Cancún, México. Yo fui con mi familia. Fuimos a un hotel en la playa. Todos nadamos en el mar. Varias veces mi hermana y yo jugamos voleibol con un grupo de muchachos en Cancún. Algunas tardes fui a correr dos o tres kilómetros en la arena al borde del mar. También practiqué la plancha de vela en los días de mucho viento. Al final de las vacaciones fuimos de excursión a Isla Mujeres donde buceé con mi padre; pero antes del viaje tomé lecciones de buceo en la alberca del hotel. Por las noches fuimos a diferentes restaurantes a comer comidas típicas; pero yo prefiero las hamburguesas. Después de una semana regresamos a casa un poco cansados, tostaditos y muy contentos. ¡Fueron unas vacaciones estupendas!

1. ¿Dónde pasó Ricardo sus vacaciones de verano?

_____

2. ¿En qué país está Cancún?

_____

3. ¿Con quiénes fue Ricardo de vacaciones?

_____

4. ¿Qué deporte jugó Ricardo con un grupo de amigos en Cancún?

_____

5. ¿Cómo pasó Ricardo algunas tardes?

_____

6. ¿Qué deporte practicó Ricardo en Isla Mujeres?

_____

7. ¿Qué prefiere comer Ricardo?

_____

8. ¿Con quién fue Ricardo a bucear?

_____

9. ¿Cuándo es bueno practicar la plancha de vela?

_____

10. ¿Cuánto tiempo pasó la familia en Cancún?

_____

D. Indicate whether the following sentences are in the present or the preterite.

	PRESENTE	PRETÉRITO
1. ¿Esquiaste bien?	_____	_____
2. Llevo un anorak.	_____	_____
3. Toman el telesilla.	_____	_____
4. Bajó la pista.	_____	_____

E. Complete each sentence with the correct preterite form of the verb in parentheses.

1. Ayer ellos _____ a la playa. (ir)

2. Yo _____ también. (ir)

3. Nosotros _____ en el mar. (nadar)

4. ¿_____ tú el sol? (tomar)

5. Isabel _____ en el agua. (esquiar)

6. Tomás y Gloria _____ tenis. (jugar)

7. Nosotros _____ un fin de semana fabuloso. (pasar)

8. ¿A qué hora _____ Uds. a casa? (llegar)

F. Complete the answer to each question with a pronoun.

1. ¿Dónde compraste los anteojos de sol?

_____ compré en el Corte Inglés.

2. ¿Quién ganó el partido de tenis?

Alejandra _____ ganó.

3. ¿Compraste las botas?

Sí, _____ compré.

Cultura

G Indicate whether each statement is true or false. Write **sí** or **no**.

1. _____ Muchos países de habla española tienen playas.

2. _____ Algunos países de habla española están en regiones o zonas tropicales.

3. _____ En una zona tropical el invierno es eterno.

4. _____ Las playas tropicales no son muy buenas porque llueve mucho.

Opcional

Lectura opcional 1: Estaciones inversas

A Complete each sentence with the correct word(s).

1. En España es _____ en el mes de julio.

2. Pero en la Argentina y Chile es _____ en julio.

3. Las estaciones son inversas en los _____ norte y sur.

4-5. En julio la gente va a la _____ a nadar en España y va a las

montañas a _____ en Chile.

Lectura opcional 2: El «snowboarding»

B Choose the correct completion for each statement.

1. Un deporte relativamente nuevo es el _____.
   a. buceo
   b. surf de nieve
   c. esquí

2. Dos tipos de «snowboarding» son _____.
   a. las carreras y las exhibiciones
   b. las carreras y las piruetas
   c. las competencias y las rodilleras

3. Para practicar el «snowboarding», necesitas un casco, rodilleras y _____.
   a. una tabla y un bastón
   b. guantes y una tabla
   c. guantes y un boleto

Conexiones: El clima

C. Indicate whether each statement refers to **el tiempo** or **el clima**.

	EL TIEMPO	EL CLIMA
1. Hace mucho calor hoy.	_____	_____
2. Es la condición atmosférica por unos días o una semana.	_____	_____
3. Es el tiempo que hace cada año en la misma región o área.	_____	_____

D. Indicate whether each statement is true or false. Write **sí** or **no**.

1. _____ Toda Latinoamérica tiene un clima tropical.

2. _____ En una zona tropical hace mucho calor durante todo el año.

3. _____ No llueve en una zona tropical.

4. _____ Puede hacer frío cerca de la línea ecuatorial.

5. _____ En las zonas de alta elevación hace frío.

6. _____ Una región que tiene un clima templado tiene cuatro estaciones y el tiempo cambia durante cada estación.

7. _____ Las estaciones son las mismas en la América del Norte y la América del Sur.

CAPÍTULO **10**

Reading and Writing Test

(This test contains 40 items for convenience of scoring.)

Vocabulario

A. Identify each person or item.

1. _____

2. _____

3. _____

4. _____

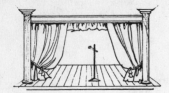

5. _____

6. _____

7. _____

8. _____

9. _____

10. _____

B. Choose the correct completion for each sentence.

1. Ellos vieron _____ en el cine.
   a. una obra teatral   **b.** una película   **c.** una exposición

2. El film lleva _____ en inglés.
   a. filas   **b.** subtítulos   **c.** boletos

3. Hay una _____ delante de la taquilla.
   a. butaca   **b.** entrada   **c.** cola

4. El artista pintó _____.
   a. el cuadro   **b.** la estatua   **c.** la escultora

5. Amelia vio una _____ de arte en el museo.
   a. película   **b.** escena   **c.** exposición

6. En el teatro, los actores entraron en _____.
   a. telón   **b.** escenario   **c.** escena

7. Ellos compraron sus entradas en _____.
   a. la cola   **b.** la pantalla   **c.** la taquilla

8. El _____ escribió la obra.
   a. autor   **b.** artista   **c.** escultor

9. Presentan una obra musical en _____.
   a. la pantalla   **b.** el teatro   **c.** el cine

10. Al _____ le gustó mucho la obra.
    a. telón   **b.** público   **c.** escenario

Estructura

C. Complete each sentence with the correct preterite form of the verb in parentheses.

1. Ellos _____ al cine ayer. (salir)

2. ¿_____ Uds. una película anoche? (Ver)

3. Juan _____ la película en versión original. (ver)

4. Yo _____ al museo a ver la exposición de arte. (volver)

5. ¿_____ tú en Madrid alguna vez? (Vivir)

6. Yo no _____ muy bien la obra de teatro. (comprender)

7. ¿Quién _____ la representación? (dar)

8. Nosotros _____ a casa después de las once. (volver)

9. Después del teatro, Carlos _____ en un restaurante. (comer)

10. ¿_____ (tú) a clases el verano pasado? (Asistir)

D. Answer the following questions in complete sentences.

1. ¿A qué hora saliste de casa esta mañana?

_____

2. ¿A qué hora salió tu amigo Jorge?

_____

3. ¿A qué hora volvieron Uds. ayer?

_____

E. Complete the following with the correct pronouns.

El pobre Manolo no está muy bien hoy. _____ duele mucho la garganta. Su
                                              1

mamá _____ lleva al consultorio del médico. El médico _____
        2   3

examina la garganta. El médico _____ explica la diagnosis a Manolo y a
                                    4

su mamá.

Cultura

F. Answer the following questions in complete sentences.

1. ¿Cuáles son tres palabras que usamos mucho en inglés y que no existen en español?

_____

2. Hoy en día, ¿puede salir sola una pareja hispana joven o siempre tiene que salir en grupo?

_____

3. ¿Adónde va una pareja joven a solas en el Perú?

_____

Opcional

Lectura opcional 1: La zarzuela

A. Indicate whether each statement is true or false. Write **sí** or **no.**

1. _____ La zarzuela es un cuadro famoso.

2. _____ La zarzuela es como una comedia. No tiene un argumento muy serio.

3. _____ La zarzuela es un tipo de opereta.

4. _____ En una zarzuela los actores y las actrices no pueden hablar; sólo pueden cantar.

5. _____ La zarzuela es de origen latinoamericano.

Lectura opcional 2: El baile

B. Give as much information about the **Ballet Folklórico de México** as you can.

_____

_____

_____

Conexiones: La música

C. Write the names of five musical instruments in Spanish.

1. _____   4. _____

2. _____   5. _____

3. _____

D. Choose the correct answer to each question.

1. ¿En cuántos grupos clasificamos los instrumentos musicales?
   a. En sólo uno.
   b. En muchos.
   c. En cuatro.

2. ¿Cuál es la diferencia entre una banda y una orquesta?
   a. Una orquesta no tiene instrumentos de cuerda.
   b. Una banda no tiene instrumentos de cuerda.
   c. Una banda tiene más músicos que una orquesta.

3. ¿Qué es una ópera?
   a. Es una danza.
   b. Es una sinfonía.
   c. Es una obra teatral en que los actores cantan.

E. Choose the best completion for each sentence.

1. En la música latinoamericana hay una relación íntima entre _____.
   a. la música y la literatura   b. la zarzuela y la ópera   c. la canción y el baile

2. Un instrumento musical popular entre los indios de Guatemala es _____.
   a. la guitarra   b. la flauta   c. la marimba

CAPÍTULO **11**

Reading and Writing Test

(This test contains 40 items for convenience of scoring.)

Vocabulario

A. Answer each question according to the information on Clarita's ticket.

1. ROBERTO: ¿A qué hora es tu vuelo?

CLARITA: _____

2. ROBERTO: ¿De qué puerta sale el avión?

CLARITA: _____

3. ROBERTO: ¿Cuál es tu asiento?

CLARITA: _____

4. ROBERTO: Y tu vuelo, ¿qué número es?

CLARITA: _____

5. ROBERTO: ¿De qué compañía aérea es el avión?

CLARITA: _____

B. Indicate whether the following activities take place at the time of departure or arrival.

	SALIDA	LLEGADA
1. Un agente de aduana inspecciona el equipaje.	_____	_____
2. Paso por el control de seguridad.	_____	_____
3. Voy a la puerta ocho para tomar el avión.	_____	_____
4. Reclamo el equipaje.	_____	_____
5. El avión aterriza.	_____	_____
6. El avión despega.	_____	_____

C. Match.

1. _____ Compra un boleto.　　　　　　**a.** el piloto

2. _____ Ayuda a los pasajeros en el avión.　**b.** el agente

3. _____ Vende los boletos.　　　　　　　**c.** el pasajero

4. _____ Es el comandante.　　　　　　　**d.** el asistente de vuelo

Estructura

D. Complete with the correct form of the verbs in parentheses.

Yo _____ (hacer) un viaje a la República Dominicana. Yo voy a
　　　　1

_____ (hacer) el viaje en avión. Yo _____ (salir) para el
　　2　　　　　　　　　　　　　　　　　　　　3

aeropuerto en un taxi. En el aeropuerto yo _____ (ir) al mostrador de la
　　　　　　　　　　　　　　　　　　　　4

línea aérea y _____ (poner) las maletas en la báscula.
　　　　　　　5

_____ (Traer) la tarjeta de embarque para abordar el avión. Entonces
　　6

_____ (pasar) por el control de seguridad. También
　　7

_____ (llevar) mi pasaporte en mi equipaje de mano. Cuando el agente
　　8

_____ (anunciar) la salida de mi vuelo, voy a la puerta de salida con la
　　9

tarjeta de embarque en la mano.

E. Change the form of the verb to agree with the subject of the sentence.

1. El avión sale del aeropuerto a las seis. Nosotros _____ en el avión de las seis.

2. Ellos traen mucho equipaje. Yo sólo _____ una maleta.

3. Ricardo hace el viaje en avión. Yo prefiero _____ el viaje en carro.

4. Mis padres hacen sus maletas y yo _____ mis maletas.

F. Complete each sentence with the correct present progressive form of the verb in parentheses.

1. En este momento yo _____ la pantalla de salidas. (leer)

2. Los pasajeros _____ sus maletas. (recoger)

3. El avión _____ en la pista. (aterrizar)

4. Los agentes de aduana _____ las maletas. (abrir)

5. Nosotros _____ el avión por la puerta seis. (abordar)

6. ¿Qué _____ Ud. ahora? (hacer)

G. Choose the correct completion for each sentence.

1. ¿_____ tú el número de nuestro vuelo?
   a. Sabes   **b.** Conoces

2. No, pero yo _____ que sale de la puerta número nueve.
   a. sé   **b.** conozco

3. ¿Quién _____ a qué hora llegamos a San Juan?
   a. sabe   **b.** conoce

4. ¿_____ Uds. a mucha gente en Puerto Rico?
   a. Saben   **b.** Conocen

Cultura

H. Choose the correct answer to each question.

1. ¿Por qué es muy importante el avión en la América del Sur?
   a. El continente sudamericano es inmenso.
   b. No hay ríos en la América del Sur.
   c. A los sudamericanos les gusta volar.

2. ¿Qué es un vuelo internacional?
   a. Un vuelo que enlaza un país con otro.
   b. Un vuelo que enlaza una ciudad con otra.
   c. Un vuelo que lleva a gente extranjera.

Opcional

Lectura opcional 1: Distancias y tiempo de vuelo

A. In English, explain what you learned in this reading selection about distances and flight times across the Atlantic and within South America.

_____

_____

_____

Lectura opcional 2: Las líneas de Nazca

B. Indicate whether each statement is true or false. Write **sí** or **no**.

1. _____ Las figuras o líneas de Nazca están en el Perú.

2. _____ Las figuras de Nazca están en las montañas.

3. _____ Las figuras o líneas son misteriosas. No sabemos nada de su origen.

4. _____ Pero sabemos que tienen entre tres o cuatro mil años de edad.

5. _____ Las líneas de Nazca cubren muy poca distancia.

Conexiones: Las finanzas

C. Prepare a list in Spanish of four things one must budget for when traveling.

1. _____

2. _____

3. _____

4. _____

D. In Spanish, list two ways you can pay for things conveniently when traveling.

1. _____

2. _____

E. Use the following words or expressions in a sentence.

1. pagar a plazos

_____

2. una mensualidad

_____

F. Answer the following questions.

1. ¿Qué nos permite saber un presupuesto?

_____

2. Si compramos algo a plazos, ¿cómo puede ser la tasa de interés?

_____

UNIT TEST: CAPÍTULOS 8–11

Reading and Writing Test

(This test contains 50 items for convenience of scoring.)

Vocabulario

A. Read each statement. Write **sí** if the statement makes sense. Write **no** if it does not make sense.

1. _____ Juan está muy bien. Tiene catarro y está estornudando mucho.

2. _____ Ella va a tomar una aspirina porque le duele la cabeza.

3. _____ Maricarmen está muy contenta porque mañana tiene un examen muy difícil.

4. _____ El médico receta medicamentos y los vende en la farmacia.

5. _____ Nos gusta pasar el día en la playa cuando hace frío.

6. _____ Podemos nadar en el mar o en la piscina.

7. _____ Los esquiadores expertos bajan la pista en el telesilla.

8. _____ Vamos al museo a ver una exposición de los cuadros de Velázquez.

9. _____ Durante la representación de una obra teatral los actores entran en escena y el público aplaude.

10. _____ Los agentes de aduana abren las maletas de los pasajeros y las inspeccionan cuando van a abordar el avión en la puerta de salida.

B Identify each item.

1. _____

2. _____

3. _____

4. _____

5. _____

6. _____

TESTING PROGRAM
Copyright © Glencoe/McGraw-Hill

¡Buen viaje! Level 1   Unit Test ᔕ **67**

7. _____

8. _____

C. Select the correct answer to each question.

1. ¿Tienes las entradas?
   a. Sí, las compré en la taquilla.
   b. Sí, las vi en la pantalla.
   c. Sí, están haciendo cola.

2. ¿Por qué fue a ver al médico Juan?
   a. Quiere ir a la sala de consulta.
   b. Está enfermo.
   c. El médico lo examina.

3. ¿Dónde tomó el sol?
   a. En la ola.
   b. En la pista cubierta.
   c. En la playa.

4. ¿Por qué quiere comprar bastones?
   a. Va a esquiar.
   b. Va a jugar tenis.
   c. Va a bucear.

5. ¿A qué hora van a llegar?
   a. El avión va a despegar a las 4:30.
   b. El avión va a aterrizar a las 4:30.
   c. A la misma hora que van a salir.

6. ¿Qué necesitan para subir al avión?
   a. Una entrada.
   b. Una escalera.
   c. Una tarjeta de embarque.

Estructura

D. Complete each sentence with the correct preterite form of the verb in parentheses.

1. Nosotros _____ a la playa. (ir)

2. Carlos _____ el autobús. (tomar)

3–4. En la playa yo _____ el sol y Carlos _____ en el mar. (tomar, nadar)

5. Carlos _____ en la playa. (comer)

6. Pero yo _____ a un café. (ir)

7. En el café, ¿_____ tú a tus amigos? (ver)

8. ¿Les _____ (tú)? (hablar)

E. Complete with the correct pronouns.

—Señor García, ¿_____ habló Julia?
                          1

—Sí, ella _____ habló ayer y _____ invitó a la fiesta del Club
              2   3

de español.

F. Rewrite each sentence using a pronoun.

1. Compré *los anteojos de sol.* _____

2. Hablé *al dependiente* en la tienda. _____

3. Vi *a María* en la playa. _____

G. Answer the following questions.

1. ¿Conoces a María?

_____

2. ¿Sabes dónde vive?

_____

3. ¿Haces el viaje con María?

_____

4. ¿Sales para el aeropuerto?

_____

H Make up sentences using **ser** or **estar**.

1. Él / sincero y simpático

_____

2. El médico / contento

_____

3. La muchacha / no / muy enferma

_____

4. Ella / de México

_____

5. Su casa / en San Miguel de Allende

_____

Cultura

I Answer the following questions.

1. ¿Dónde salen más en parejas los jóvenes? ¿En Latinoamérica o en los Estados Unidos?

_____

2. ¿Por qué es muy popular el avión en Latinoamérica?

_____

3. ¿Es fácil o difícil viajar por los Andes?

_____

CAPÍTULO **12**

Reading and Writing Test

(This test contains 30 items for convenience of scoring.)

Vocabulario

A. Identify each item.

1. _____

2. _____

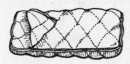

3. _____

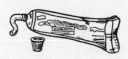

4. _____

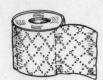

5. _____

6. _____

7. _____

B Complete each sentence with the appropriate word(s).

1. Él _____ _____ a eso de las siete de la mañana.

2. Y él _____ _____ a eso de las once de la noche.

3–4. Ella se lava la _____ y las _____.

5. Ella se cepilla los _____ después de comer.

6–7. La muchacha _____ _____ a la mesa para tomar el

_____: un vaso de jugo de naranja y cereal.

8–9. Los jóvenes dan una _____ por las montañas y duermen en un

_____.

Estructura

C. Complete each sentence with the correct present-tense form of the verb in parentheses.

1. José _____ temprano. (levantarse)

2. Yo también _____ temprano. (levantarse)

3. Y nosotros _____ tarde. (acostarse)

4. ¿A qué hora _____ Uds.? (acostarse)

5. Tú _____ las manos antes de comer. (lavarse)

6. Sí, y yo _____ los dientes después de comer. (cepillarse)

7. Yo _____ en la cocina. (desayunarse)

D. Complete with a pronoun when necessary.

1. _____ miro en el espejo cuando me peino.

2. _____ miro al profesor cuando él habla.

3. Ellos _____ lavan la cara.

4. Ellos _____ lavan el carro los sábados.

Cultura

E. Choose the correct answer to each question.

1. ¿Qué tomaron los jóvenes para el desayuno en España?
   a. Huevos fritos y pan tostado.
   b. Un zumo de naranja y churros.
   c. Un bocadillo.

2. ¿Qué ciudad tiene una playa bonita?
   a. Santiago de Compostela.
   b. Los picos.
   c. San Sebastián.

3. ¿Por qué están cubiertos de nieve los Picos de Europa en julio?
   a. Porque nieva mucho aún en julio.
   b. Porque son tan altos.
   c. Porque están en el norte de España.

Opcional

Lectura opcional: El Camino de Santiago

A. Choose the correct completion for each statement.

1. Santiago de Compostela está en _____.
   a. Galicia   b. Andalucía   c. Compostela

2. Galicia está en _____ de España.
   a. el centro   b. el suroeste   c. el noroeste

3. El color predominante en Galicia es _____.
   a. el azul   b. el gris   c. el verde

4. En Galicia _____ con frecuencia.
   a. llueve   b. nieva   c. hace calor

B. In English write what you know about **el Camino de Santiago.**

_____

_____

Conexiones: La ecología

C. Indicate whether each statement is true or false. Write **sí** or **no.**

1. _____ Hay muy pocos problemas ecológicos en Latinoamérica.

2. _____ El aire que respiramos en muchas ciudades está contaminado.

3. _____ Las emisiones de gases contaminan el aire.

4. _____ El reciclaje contamina los ríos.

5. _____ El reciclaje nos permite transformar y utilizar o usar de nuevo los desechos.

CAPÍTULO **13**

Reading and Writing Test

(This test contains 30 items for convenience of scoring.)

Vocabulario

A. Identify each item.

1. _____

2. _____

3. _____

4. _____

5. _____

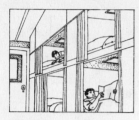

6. _____

7. _____

8. _____

B Choose the correct completion for each sentence.

1. Hay muchos pasajeros en el tren. Hay muy pocos asientos _____.
   a. libres   **b.** ocupados   **c.** reservados

2. Los pasajeros toman una merienda en _____.
   a. la litera   **b.** el coche-cama   **c.** el coche-cafetería

3. El tren no salió tarde. Salió _____.
   a. con retraso   **b.** con una demora   **c.** a tiempo

4. El tren salió del _____ tres.
   a. andén   **b.** pasillo   **c.** quiosco

5. Tenemos que cambiar de tren. Vamos a _____ en la próxima estación.
   a. subir   **b.** transbordar   **c.** salir

6. Tengo que consultar _____ para ver a qué hora sale el tren.
   a. el boleto   **b.** el revisor   **c.** el horario

Estructura

C. Complete each sentence with the correct preterite form of the verb in parentheses.

1. Yo no _____ ir en carro. (querer)

2. Por consiguiente nosotros _____ el viaje en tren. (hacer)

3. Algunos amigos _____ a la estación para decir «adiós». (venir)

4. Carlos _____ cola en la ventanilla para sacar los billetes. (hacer)

5. Nosotros _____ media hora en la sala de espera. (estar)

6. Cuando subimos al tren yo _____ mi maleta debajo de mi asiento. (poner)

7. Aquí _____ el revisor. (venir)

8. Yo _____ que sacar mi billete de mi mochila. (tener)

9. Yo no _____ comprender al revisor. (poder)

D. Complete each sentence with the present-tense form of the verb **decir.**

1. ¿Qué _____ tú?

2. Pues, yo _____ que vamos a tomar el tren.

3. Y nosotros _____ que preferimos ir en avión.

Cultura

E. Indicate whether each statement is true or false. Write **sí** or **no.**

1. _____ El AVE es un tren español muy rápido. Es uno de los trenes más rapidos del mundo.

2. _____ El AVE tiene solamente una clase.

3. _____ El AVE lleva ocho coches y corre a 250 kilómetros por hora.

4. _____ Atocha es una estación de ferrocarril en Madrid.

Opcional

Lectura opcional: De Cuzco a Machu Picchu

A Answer the following questions.

1. ¿A qué hora sale el tren de Cuzco para ir a Machu Picchu?

_____

2. ¿Tiene que subir o bajar el tren para ir de Cuzco a Machu Picchu?

_____

3. ¿Qué van a ver los turistas en Machu Picchu?

_____

4. ¿Descubren los españoles Machu Picchu durante su conquista del Perú?

_____

5. ¿Quién descubrió Machu Picchu?

_____

Conexiones: Conversiones aritméticas

B Answer the following in Spanish.

1. Give the metric measurements used for weights.

_____

2. Give the metric measurements for distance and height.

_____

3. Give the metric measurements for liquid.

_____

CAPÍTULO **14**

Reading and Writing Test

(This test contains 40 items for convenience of scoring.)

Vocabulario

A. In Spanish, write the names of five things you need to set a table.

1. _____

2. _____

3. _____

4. _____

5. _____

B. In Spanish, write the names of eight foods.

1. _____

2. _____

3. _____

4. _____

5. _____

6. _____

7. _____

8. _____

C. Choose the correct completion for each sentence.

1. El cliente lee _____ en un restaurante antes de pedir.
   a. el menú   **b.** la cuenta   **c.** la orden

2. En el restaurante _____ prepara las comidas.
   a. el mesero   **b.** el camarero   **c.** el cocinero

3. El joven tiene sed y pide _____ de agua.
   a. una taza   **b.** un vaso   **c.** un plato

4. No puede comer la sopa porque no tiene _____.
   a. cuchara   **b.** cuchillo   **c.** tenedor

5. _____ cubre la mesa.
   a. El platillo   **b.** La servilleta   **c.** El mantel

6. La joven quiere comer algo porque tiene _____.
   a. hambre   **b.** sed   **c.** una hamburguesa

Estructura

D. Complete each sentence with the present-tense form of the verb in parentheses.

1. Yo _____ el lechón. (pedir)

2. El mesero _____ el lechón con plátanos fritos—tostones. (servir)

3. El cocinero _____ los plátanos. (freír)

4. Nosotros no _____ nuestra dieta. (seguir)

5. Y yo no _____ en toda la noche. (dormir)

E. Rewrite the sentences in Activity D in the preterite.

1. _____

2. _____

3. _____

4. _____

5. _____

F. Choose one of the following topics and write the appropriate conversation.

a. a conversation between a waiter and clients at a restaurant

b. a phone conversation to make a restaurant reservation

_____

_____

_____

_____

_____

_____

_____

Cultura

G. Indicate whether each statement is true or false. Write **sí** or **no.**

1. _____ Lo que come la gente en los países hispanos varía mucho de una región a otra.

2. _____ Pero la comida mexicana y la comida española son similares.

3. _____ Hay muchas variaciones de platos mexicanos que sirven en el suroeste de los Estados Unidos.

4. _____ Las papas sirven de base para muchas comidas mexicanas.

5. _____ La tortilla es un tipo de panqueque de harina de maíz o de trigo.

Opcional

Lectura opcional 1: La comida española

A In English, explain the difference between a Spanish tortilla and a Mexican tortilla.

_____

_____

_____

Lectura opcional 2: La comida del Caribe

B Answer the following questions.

1. ¿Cuáles son tres países de habla española del Caribe?

_____

2. ¿Cuál es una carne que comen mucho en el Caribe?

_____

3. ¿Qué sirven con el lechón asado?

_____

4. ¿Qué son tostones?

_____

Conexiones: El lenguaje

C Give some regional variations of the following words.

1. el maíz _____

2. el autobús _____

3. el jugo _____

4. las papas _____

5. el maní _____

UNIT TEST: CAPÍTULOS **12–14**

Reading and Writing Test

(This test contains 40 items for convenience of scoring.)

Vocabulario

A. Identify each item.

¿Qué puso Carlos en su mochila?

1. _____

2. _____

3. _____

4. _____

5. _____

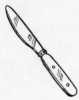

6. _____

7. _____

8. _____

B Identify who or what is being described.

1. _____ donde compran los pasajeros sus billetes en la estación de ferrocarril

2. _____ donde venden periódicos y revistas en la estación de ferrocarril

3. _____ de donde salen los trenes

4. _____ lo que consultan los pasajeros para saber a qué hora sale o llega un tren

5. _____ quien ayuda a los pasajeros con su equipaje

6. _____ donde duermen los pasajeros durante un viaje largo en tren

C. Choose the correct word from the list to complete each sentence.

el mesero	**el menú**	**el cocinero**
una mesa libre	**una mesa ocupada**	**fríen**
piden	**la cuenta**	**sirven**

1. _____ sirve a los clientes en el restaurante.

2. _____ prepara las comidas.

3. Cuando una persona llega a un restaurante, busca _____.

4. Los clientes leen _____ antes de pedir lo que van a comer.

5. Después de comer los clientes _____ la cuenta.

6. Si los meseros les _____ bien, los clientes les dejan (dan) una propina, aun cuando el servicio está incluido.

Estructura

D. Complete each sentence with the correct preterite form of the verb in parentheses.

1. Yo no lo _____. (hacer)

2. Y yo no lo _____ hacer. (querer)

3. Yo no lo _____ hacer. (poder)

4. Yo no lo _____ que hacer. (tener)

5. Y yo no lo _____. (repetir)

E. Rewrite each sentence from Activity D using the subject indicated.

1. Él _____

2. Nosotros _____

3. Uds. _____

4. Tú _____

5. Ellos _____

F. Complete each sentence with the correct present-tense form of the verb(s) in parentheses.

1–2. El mesero me _____ lo que yo le _____.
(servir, pedir)

3. Nosotros siempre _____ si nos gusta el plato o no. (decir)

G. Answer the following questions in complete sentences.

1. ¿A qué hora te levantas por la mañana?

_____

2. ¿Se cepillan los jóvenes los dientes antes o después de comer?

_____

3. ¿Te diviertes los sábados por la noche?

_____

4. ¿A qué hora te acuestas?

_____

Cultura

H. Choose the correct completion for each sentence.

1. En San Sebastián en el norte de España, la gente nada en el mar _____.
   a. Mediterráneo   **b.** Caribe   **c.** Cantábrico

2. El AVE es _____.
   a. un avión   **b.** un tren moderno y rápido   **c.** la estación de ferrocarril en Sevilla

3. La base de muchos platos mexicanos es _____.
   a. la papa   **b.** la carne   **c.** el maíz

TESTING PROGRAM
Copyright © Glencoe/McGraw-Hill

Answer Key

Reading and Writing Tests

CAPÍTULO 1

A.
1. muchacho
2. alumno
3. ambicioso
4. amiga
5. colegio

B.
1. cómico (gracioso)
2. seria
3. alta
4. baja
5. guapo

C.
1. feo
2. moreno
3. bajo
4. serio

D.
1. el
2. un
3. una
4. una
5. La

E.
1. b
2. b
3. a
4. b
5. a

F.
1. eres
2. soy
3. eres
4. soy
5. eres
6. soy
7. es

G.
1. Colombia
2. amiga
3. mexicano
4. rubio
5. Carlos
6. Luisa

H.
1. b
2. b
3. b

Opcional

A.
1. b
2. c
3. c

B. *Answers will vary.*

CAPÍTULO 2

A.
1. grande
2. interesante
3. bajas

B.
1. b
2. a
3. c
4. b

C.
1. c
2. a
3. c

D.
1. La
2. Los
3. Las
4. el
5. Los

E.
1. Los cursos no son aburridos.
2. Los alumnos son buenos.
3. Las clases son interesantes.
4. Los amigos de Susana son muy populares.
5. Las muchachas son cubanas.

F.
1. son
2. somos
3. son
4. soy
5. es
6. Son
7. somos

G 1. b
2. a
3. c

H 1. a
2. a
3. b
4. c
5. a
6. b

I 1. a
2. c
3. c
4. a

Opcional

A 1. no
2. sí
3. no
4. no
5. sí

B Puerto Rico, Dominican Republic, Cuba, Panama

C Ecuador, Peru, Bolivia

CAPÍTULO 3

A 1. el cuaderno
2. la goma de borrar
3. el bolígrafo (la pluma)
4. los tenis (un par de tenis)
5. el T-shirt (la camiseta)
6. la gorra

B 1. dependienta
2. barato
3. papelería
4. talla
5. caja
6. color
7. materiales escolares
8. tienda de ropa

C 1. necesita (busca, compra)
2. compra (busca, mira)
3. habla
4. paga
5. lleva

D 1. Compro los materiales escolares en una papelería.
2. Pago en la caja.
3. *Answers will vary but may include the following:*
Llevo una mochila a la escuela. / Llevo una camiseta y un blue jean a la escuela.

E 1. necesita
2. compra
3. habla
4. desea
5. necesito
6. necesita
7. compra
8. paga

F 1. ¿Qué deseas tú?
2. ¿Qué color necesitas tú?

G 1. El muchacho es Francisco Álvarez.
2. Es de Santiago, Chile.
3. Habla dos lenguas.
4. No, no necesita mucha ropa nueva.

H 1. b
2. a
3. b
4. a

Opcional

A 1. sí
2. no
3. sí
4. sí
5. no

B 1. Oscar de la Renta
2. la República Dominicana
3. Santo Domingo
3. trajes de gala (ropa para señoras)
4. un orfanato, un tipo de «Boys' Town» y una escuela especial para sordos

C 1. c
2. d
3. b
4. a

CAPÍTULO 4

A
1. d
2. a
3. b
4. c
5. e

B
1. el bus escolar
2. el disco compacto
3. la pizarra (el pizarrón)
4. el casete
5. la sala (el salón) de clase

C
1. llegan
2. entramos
3. miramos
4. prestan
5. habla
6. saco

D *Answers will vary but may include the following:*
1. Los alumnos bailan y cantan.
2. Los alumnos toman una merienda.
3. Los alumnos escuchan múscia.

E
1. Yo voy a la escuela.
2. Yo doy una fiesta.
3. Yo estoy en la clase de español.

F
1. Sí, dan una fiesta.
2. Sí, voy a la fiesta.
3. Sí, estoy en la fiesta ahora.

G
1. al
2. al
3. a la

H
1. a
2. b
3. c
4. b
5. c
6. c
7. b

J
1. sí
2. no

J
1. LA
2. US
3. LA

Opcional

A
1. no
2. no
3. no
4. sí
5. sí

B
1. Es una poeta famosa.
2. Es de Vicuña, Chile.
3. Enseña en varias escuelas.
4. Está en el extremo sur de Chile.
5. Gana el Premio Nóbel de Literatura.

C
1. biología
2. animales
3. laboratorio
4. microscopio
5. célula

UNIT TEST
CAPÍTULOS 1–4

A
1. la mochila
2. el profesor
3. la falda
4. el bolígrafo
5. el bus escolar
6. la sala (el salón) de clase
7. el T-shirt (la camiseta)
8. el cuaderno
9. la escuela
10. la gorra

B
1. sí
2. no
3. sí
4. no
5. no
6. sí
7. no
8. sí
9. sí
10. sí

C
1. es
2. son
3. somos
4. llegamos
5. voy
6. van
7. estudio
8. tomas
9. estoy
10. trabajamos

D *Answers will vary but may include the following:*
1. Soy _____ (student's name).
2. Voy a la escuela a pie (en el bus escolar, en carro [coche]).
3. Estudio español, biología, etc.
4. La clase de español es a las dos.
5. El/La profesor(a) de español es interesante (inteligente).

E
1. verde
2. inteligentes
3. difíciles
4. alta
5. populares

F
1. a la
2. al
3. al

G
1. sí
2. sí
3. no
4. sí

H
1. c
2. b
3. b

CAPÍTULO 5

A
1. café
2. lee
3. come
4. papas fritas
5. limonada
6. mesero
7. cuenta

B
1. papas
2. naranjas
3. carne
4. lechuga

C
1. desean
2. la cuenta
3. a cuánto
4. nada más

D
1. comemos
2. lee
3. comes
4. como
5. aprenden
6. ven

7. hablamos
8. escribimos

E *Answers will vary but may include the following:*
1. Vivimos en _____ .
2. Sí, (No, no) escribimos muchas composiciones en la clase de inglés.
3. Sí, (No, no) leemos muchas novelas.
4. Sí, (No, no) comprendemos al/a la profesor(a) cuando habla.

F
1. Es de la Ciudad de México.
2. Ella va al mercado.
3. Ella compra vegetales, frutas, carne y pescado.
4. Ella va al supermercado cuando necesita productos congelados o detergentes.
5. Ella paga en la caja.

G
1. c
2. a
3. c
4. c
5. a
6. a

H
1. Estados Unidos
2. España

Opcional

A
1. en Latinoamérica
2. a un café o una cafetería
3. un café
4. a las dos de la tarde
5. en una cafetería, un café o un restaurante

B *Answers will vary.*

C
1. $2 + 3 = 5$
2. $21 \div 3 = 7$
3. $8 \times 2 = 16$
4. $15 - 9 = 6$

CAPÍTULO 6

A
1. abuelos
2. hermana
3. tío
4. mujer
5. primos
6. joven
7. privada

B
1. la casa
2. el jardín
3. el garaje
4. la sala
5. el dormitorio (el cuarto, la recámara)
6. la escalera
7. el periódico
8. una película
9. el perro
10. el regalo

C *Answers will vary but may include the following:*
1. sí
2. un carro (una bicicleta)
3. un perro, un gato
4. una fiesta

D *Answers will vary but may include the following:*
1. Hay _____ personas en mi familia.
2. Tengo _____ años.
3. Tenemos una casa privada (un apartamento).

E
1. tienen
2. tiene
3. Tienes
4. tengo
5. tenemos

F
1. tengo que
2. voy a
3. tienen que
4. van a
5. tenemos que
6. vamos a

G
1. Mi
2. tu
3. Mis
4. Nuestra
5. nuestros
6. Su
7. mi

H
1. b
2. a
3. c
4. a
5. c

I
1. c
2. c
3. b

Opcional

A
1. la muchacha que cumple quince años
2. una gran fiesta
3. todos los parientes y amigos
4. muchos regalos

B
1. b
2. b
3. b
4. a
5. b

C *Answers will vary but may include the following:*
Spain: Velázquez, Goya, Picasso; Mexico: Orozco, Kahlo

D
1. c
2. b
3. a
4. b
5. c
6. b

CAPÍTULO 7

A
1. a
2. b
3. b
4. c
5. b
6. a
7. a
8. b
9. a
10. b

B
1. el balón
2. la portería
3. el bate
4. el cesto (la canasta)
5. el pícher (el lanzador)

C
1. empieza
2. vuelven
3. pierde
4. quieren
5. pueden
6. juegas
7. preferimos
8. jugamos
9. quiero
10. Prefieren

D. 1. a
2. c
3. b
4. c
5. b

E. 1. interesan
2. gusta
3. gusta
4. aburren

F. 1. te
2. Me

G. 1. no
2. no
3. sí
4. sí

Opcional

A. 1. el fútbol
2. sí; muchos países tienen un equipo
3. *Any three of following:* Cuba, Puerto Rico, la República Dominicana, Venezuela, Nicaragua, México, Panamá

B. 1. sí
2. no

C. 1. no
2. sí
3. sí
4. no
5. no

D. *Answers will vary.*

UNIT TEST
CAPÍTULOS 5–7

A. *Answers will vary.*

B. 1. desean
2. beber
3. comer
4. un té
5. La cuenta
6. servicio

C. 1. cuánto
2. Algo
3. nada

D. 1. b
2. c
3. a
4. b
5. c
6. a

E. 1. el campo de fútbol
2. el balón
3. el tablero indicador
4. el estadio
5. el guante

F. 1. b
2. c
3. b
4. c

G. 1. empieza
2. vuelven
3. queremos
4. ven
5. juega
6. puedo
7. comemos
8. tengo

H. *Answers will vary but may include the following:*
1. Tengo _____ años.
2. Sí, (No, no) juego fútbol.
3. Prefiero jugar (ser espectador[a]).
4. Sí, (No, no) podemos ir a ver el partido.

I. 1. te
2. -an
3. me
4. -an
5. te
6. -a
7. Me
8. -a

J. 1. mis
2. mis
3. sus
4. Nuestro

CAPÍTULO 8

A. 1. triste
2. enferma
3. fiebre

4. escalofríos
5. tos
6. el médico
7. consultorio (consulta)
8. duele
9. dolor

B.
1. b
2. a
3. c
4. b
5. c
6. c
7. b

C.
1. Pablo es inteligente.
2. Pablo está nervioso.
3. Pablo es serio.
4. Pablo está cansado.
5. Pablo está contento.
6. El curso es fácil.

D.
1. es
2. está
3. es
4. está
5. estamos
6. es
7. está

E.
1. te
2. me
3. me
4. Te

F. *Answers will vary but may include the following:*
1. El enfermo está en el consultorio.
2. La médica examina al enfermo.
3. El enfermo abre la boca.

G.
1. a
2. c
3. c
4. b

Opcional

A.
1. una receta
2. al médico
3. los medicamentos que contienen sustancias controladas
4. el farmacéutico
5. en los países hispanos

B. *Answers will vary but may include the following:*
1. Él es de Cuba.
2. Él es médico.
3. Él estudia oftalmología.
4. Él es una persona famosa.

C.
1. sí
2. no
3. sí
4. no
5. sí

CAPÍTULO 9

A.
1. el mar
2. la playa
3. nadaron
4. una piscina
5. La loción bronceadora
6. un traje de baño

B.
1. raqueta
2. nieva
3. un anorak (botas, guantes)
4. guantes (botas, un anorak)
5. pista

C.
1. en Cancún
2. en México
3. con su familia
4. voleibol
5. fue a correr en la arena
6. el buceo
7. una hamburguesa
8. con su padre
9. en los días de mucho viento
10. una semana

D.
1. pretérito
2. presente
3. presente
4. pretérito

E.
1. fueron
2. fui
3. nadamos
4. Tomaste
5. esquió
6. jugaron
7. pasamos
8. llegaron

F.
1. Los
2. lo
3. las

G.
1. sí
2. sí
3. no
4. no

Opcional

A.
1. el verano
2. el invierno
3. hemisferios
4. playa
5. esquiar

B.
1. b
2. a
3. b

C.
1. el tiempo
2. el tiempo
3. el clima

D.
1. no
2. sí
3. no
4. sí
5. sí
6. sí
7. no

CAPÍTULO 10

A.
1. el museo
2. la estatua
3. la artista
4. el teatro
5. la escena
6. el cine
7. el boleto (la entrada)
8. la pantalla
9. la taquilla (la ventanilla)
10. la butaca

B.
1. b
2. b
3. c
4. a
5. c
6. c
7. c

8. a
9. b
10. b

C.
1. salieron
2. Vieron
3. vio
4. volví
5. Viviste
6. comprendí
7. dio
8. volvimos
9. comió
10. Asististe

D. *Answers will vary but may include the following:*
1. Salí de casa a (eso de) las _____ esta mañana.
2. Mi amigo Jorge salió a (eso de) las _____ .
3. Volvimos a (eso de) las _____ ayer.

E.
1. Le
2. le
3. le
4. les

F.
1. dating, girlfriend, boyfriend
2. puede salir sola
3. a un café, al cine o al parque

Opcional

A.
1. no
2. sí
3. sí
4. no
5. no

B. *Answers will vary.*

C. *Answers will vary but may include any five of the following:* el piano, el órgano, el violín, la viola, la guitarra, la trompeta, el clarinete, el saxofono, la flauta, el trombón.

D.
1. c
2. b
3. c

E.
1. c
2. c

CAPÍTULO 11

A
1. A las 16:40 (las dieciséis cuarenta)
2. De la puerta 8.
3. Mi asiento es C3.
4. Es el número 938.
5. (De) Mexicana.

B
1. llegada
2. salida
3. salida
4. llegada
5. llegada
6. salida

C
1. c
2. d
3. b
4. a

D
1. hago
2. hacer
3. salgo
4. voy
5. pongo
6. Traigo
7. paso
8. llevo
9. anuncia

E
1. salimos
2. traigo
3. hacer
4. hago

F
1. estoy leyendo
2. están recogiendo
3. está aterrizando
4. están abriendo
5. estamos abordando
6. está haciendo

G
1. a
2. a
3. a
4. b

H
1. a
2. a

Opcional

A *Answers will vary but should demonstrate an understanding of the immensity of South America.*

B
1. sí
2. no
3. sí
4. sí
5. no

C *Answers will vary but should include four of the following:* precio del vuelo, transporte local, hotel, comidas y refrescos, entradas

D
1. tarjeta de crédito
2. cheques de viajero

E *Answers will vary.*

F
1. cuánto dinero tenemos y cuánto podemos gastar
2. muy alta

UNIT TEST
CAPÍTULOS 8–11

A
1. no
2. sí
3. no
4. no
5. no
6. sí
7. no
8. sí
9. sí
10. no

B
1. las botas
2. el traje de baño (el bañador)
3. la playa
4. el aeropuerto
5. la tarjeta de embarque
6. el consultorio (la consulta)
7. el telesilla
8. la puerta (la sala) de salida

C
1. a
2. b
3. c
4. a
5. b
6. c

D
1. fuimos
2. tomó
3. tomé
4. nadó
5. comió

6. fui
7. viste
8. hablaste

E.
1. le
2. me
3. me

F.
1. Los compré.
2. Le hablé en la tienda.
3. La vi en la playa.

G.
1. Sí, (No, no) conozco a María.
2. Sí, (No, no) sé donde vive.
3. Sí, (No, no) hago el viaje con María.
4. Sí, (No, no) salgo para el aeropuerto.

H.
1. Él es sincero y simpático.
2. El médico está contento.
3. La muchacha no está muy enferma.
4. Ella es de México.
5. Su casa está en San Miguel de Allende.

I.
1. en los Estados Unidos
2. es un continente inmenso
3. difícil

CAPÍTULO 12

A.
1. el espejo
2. la ducha
3. el saco de dormir
4. la pasta dentífrica (el tubo de pasta dentífrica)
5. el papel higiénico (un rollo de papel higiénico)
6. el peine
7. el jabón (la barra [la pastilla] de jabón)

B.
1. se levanta
2. se acuesta
3. cara
4. manos
5. dientes
6. se sienta
7. desayuno
8. caminata
9. albergue para jóvenes (hotel, saco de dormir)

C.
1. se levanta
2. me levanto
3. nos acostamos
4. se acuestan

5. te lavas
6. me cepillo
7. me desayuno

D.
1. Me
2. *none*
3. se
4. *none*

E.
1. b
2. c
3. b

Opcional

A.
1. a
2. c
3. c
4. a

B. *Answers will vary.*

C.
1. no
2. sí
3. sí
4. no
5. sí

CAPÍTULO 13

A.
1. la estación de ferrocarril
2. el billete de ida y vuelta
3. la sala de espera
4. el andén
5. la ventanilla
6. el coche-cama
7. el horario
8. el mozo

B.
1. a
2. c
3. c
4. a
5. b
6. c

C.
1. quise
2. hicimos
3. vinieron
4. hizo
5. estuvimos
6. puse
7. vino

8. tuve

9. pude

D. **1.** dices

2. digo

3. decimos

E. **1.** sí

2. no

3. sí

4. sí

Opcional

A. **1.** a las siete de la mañana

2. bajar

3. las ruinas de los incas

4. no

5. Hiram Bingham

B. **1.** los gramos, los kilogramos, el kilo

2. el metro, el kilómetro

3. el litro

CAPÍTULO 14

A. *Answers will vary but should include five of following:* un vaso, una taza, un tenedor, un cuchillo, una cuchara, un mantel, una servilleta, la sal, la pimienta

B. *Answers will vary but should include eight of following:* la carne, el biftec, la ternera, el cerdo, el cordero, el pescado, las almejas, la langosta, los camarones, etc.

C. **1.** a

2. c

3. b

4. a

5. c

6. a

D. **1.** pido

2. sirve

3. fríe

4. seguimos

5. duermo

E. **1.** _____ pedí _____

2. _____ sirvió _____

3. _____ frió _____

4. _____ seguimos _____

5. _____ dormí _____

F. *Answers will vary.*

G. **1.** sí

2. no

3. sí

4. no

5. sí

Opcional

A. A Spanish tortilla is a potato and onion omelette. A Mexican tortilla is like a pancake, made of corn or flour.

B. **1.** Cuba, Puerto Rico, la República Dominicana

2. el puerco (el lechón)

3. arroz, frijoles y tostones

4. rebanadas de plátanos fritos

C. **1.** el elote, el choclo

2. el camión, la guagua

3. el zumo

4. las patatas

5. los cacahuetes, los cacahuates

UNIT TEST
CAPÍTULOS 12–14

A. **1.** la pasta dentífrica (el tubo de pasta dentífrica)

2. el jabón (la barra [la pastilla] de jabón)

3. la navaja

4. el peine

5. el papel higiénico (el rollo de papel higiénico)

6. el cuchillo

7. el tenedor

8. el plato

B. **1.** la ventanilla

2. el quiosco

3. el andén

4. el tablero de llegadas (salidas)

5. el mozo (el maletero)

6. el coche-cama

C. **1.** El mesero

2. El cocinero

3. una mesa libre

4. el menú
5. piden
6. sirven

D.
1. hice
2. quise
3. pude
4. tuve
5. repetí

E.
1. _____ hizo _____
2. _____ quisimos _____
3. _____ pudieron _____
4. _____ tuviste _____
5. _____ repitieron _____

F.
1. sirve
2. pido
3. decimos

G. *Answers will vary but may include the following:*
1. Me levanto a las _____ .
2. Los jóvenes se cepillan los dientes después de comer.
3. Sí, (No, no) me divierto los sábados por la noche.
4. Me acuesto a las _____ .

H.
1. c
2. b
3. c

LISTENING COMPREHENSION TESTS

CAPÍTULO **1**

Listening Comprehension Test

(This test contains 10 items for convenience of scoring.)

A

a. _____

b. _____

c. _____

d. _____

e. _____

B **1.** a   b

2. a   b

3. a   b

C **1.** What does Sarita want to know? _____

2. Where is Eduardo from? _____

CAPÍTULO 2

Listening Comprehension Test

(This test contains 10 items for convenience of scoring.)

A   SÍ   NO

1. _____   _____

2. _____   _____

3. _____   _____

4. _____   _____

B   ONE   MORE THAN ONE

1. _____   _____

2. _____   _____

3. _____   _____

C   1.   a   b   c

      2.   a   b   c

      3.   a   b   c

CAPÍTULO **3**

Listening Comprehension Test

(This test contains 10 items for convenience of scoring.)

A   **EN LA PAPELERÍA**   **EN LA TIENDA DE ROPA**   **EN LA CAJA**

1.   _____   _____   _____

2.   _____   _____   _____

3.   _____   _____   _____

4.   _____   _____   _____

B   1.   a   b   c

     2.   a   b   c

     3.   a   b   c

     4.   a   b   c

     5.   a   b   c

     6.   a   b   c

CAPÍTULO **4**

Listening Comprehension Test

(This test contains 10 items for convenience of scoring.)

A **1.** a b c

2. a b c

3. a b c

B

	ONE	MORE THAN ONE
1.	_____	_____
2.	_____	_____
3.	_____	_____
4.	_____	_____
5.	_____	_____

C

	SÍ	NO
1.	_____	_____
2.	_____	_____

TESTING PROGRAM
Copyright © Glencoe/McGraw-Hill

UNIT TEST: CAPÍTULOS 1–4

Listening Comprehension Test

(This test contains 10 items for convenience of scoring.)

A   **SÍ**   **NO**

1. _____   _____

2. _____   _____

3. _____   _____

4. _____   _____

5. _____   _____

B 1. a   b   c

2. a   b   c

3. a   b   c

4. a   b   c

5. a   b   c

CAPÍTULO 5

Listening Comprehension Test

(This test contains 10 items for convenience of scoring.)

A   **EN EL CAFÉ**   **EN EL MERCADO**   **EN LA PAPELERÍA**   **EN LA TIENDA DE ROPA**

1. _____   _____   _____   _____

2. _____   _____   _____   _____

3. _____   _____   _____   _____

4. _____   _____   _____   _____

5. _____   _____   _____   _____

6. _____   _____   _____   _____

B   1.   a   b   c

     2.   a   b   c

     3.   a   b   c

     4.   a   b   c

CAPÍTULO **6**

Listening Comprehension Test

(This test contains 10 items for convenience of scoring.)

A

	SÍ	NO
1.	_____	_____
2.	_____	_____
3.	_____	_____
4.	_____	_____
5.	_____	_____
6.	_____	_____

B
1. a b c
2. a b c
3. a b c
4. a b c

CAPÍTULO 7

Listening Comprehension Test

(This test contains 10 items for convenience of scoring.)

A

	SÍ	NO
1.	_____	_____
2.	_____	_____
3.	_____	_____
4.	_____	_____
5.	_____	_____

B
1. a b c
2. a b c
3. a b c
4. a b c
5. a b c

UNIT TEST: CAPÍTULOS 5–7

Listening Comprehension Test

(This test contains 10 items for convenience of scoring.)

A

EL FÚTBOL	EL BÁSQUETBOL	EL BÉISBOL
1. _____	_____	_____
2. _____	_____	_____
3. _____	_____	_____

B

1. **a.** en el mercado   **b.** en la sala   **c.** en el café
2. **a.** en la cocina   **b.** en la sala   **c.** en el café
3. **a.** en el mercado   **b.** en la fiesta   **c.** en el garaje
4. **a.** en el jardín   **b.** en el supermercado   **c.** en el mercado
5. **a.** en el estadio   **b.** en la cancha de tenis   **c.** en el jardín
6. **a.** en el mercado   **b.** en la cocina   **c.** en el café
7. **a.** en el café   **b.** en el jardín   **c.** en la fiesta

CAPÍTULO **8**

Listening Comprehension Test

(This test contains 10 items for convenience of scoring.)

A   SÍ   NO

1. _____   _____

2. _____   _____

3. _____   _____

4. _____   _____

5. _____   _____

6. _____   _____

B 1. _____

2. _____

3. _____

4. _____

CAPÍTULO 9

Listening Comprehension Test

(This test contains 10 items for convenience of scoring.)

A.

	EN LA PISCINA	EN LA PLAYA	EN LA ESTACIÓN DE ESQUÍ	EN LA TIENDA	EN EL CAFÉ
1.	_____	_____	_____	_____	_____
2.	_____	_____	_____	_____	_____
3.	_____	_____	_____	_____	_____
4.	_____	_____	_____	_____	_____
5.	_____	_____	_____	_____	_____
6.	_____	_____	_____	_____	_____

B.
1. a   b   c
2. a   b   c
3. a   b   c
4. a   b   c

CAPÍTULO **10**

Listening Comprehension Test

(This test contains 10 items for convenience of scoring.)

A 1. a   b   c

    2. a   b   c

    3. a   b   c

    4. a   b   c

B 1. a   b   c

    2. a   b   c

    3. a   b   c

    4. a   b   c

    5. a   b   c

    6. a   b   c

TESTING PROGRAM

CAPÍTULO **11**

Listening Comprehension Test

(This test contains 10 items for convenience of scoring.)

A

a. _____

b. _____

c. _____

d. _____

e. _____

B 1. a   b

2. a   b

3. a   b

4. a   b

5. a   b

UNIT TEST: CAPÍTULOS **8–11**

Listening Comprehension Test

(This test contains 10 items for convenience of scoring.)

A

	SÍ	NO
1.	_____	_____
2.	_____	_____
3.	_____	_____
4.	_____	_____
5.	_____	_____

B **1.** a b c

2. a b c

3. a b c

4. a b c

5. a b c

CAPÍTULO **12**

Listening Comprehension Test

(This test contains 10 items for convenience of scoring.)

A

	SÍ	NO
1.	_____	_____
2.	_____	_____
3.	_____	_____
4.	_____	_____
5.	_____	_____
6.	_____	_____
7.	_____	_____

B

1. a   b   c

2. a   b   c

3. a   b   c

CAPÍTULO **13**

Listening Comprehension Test

(This test contains 10 items for convenience of scoring.)

A

a. _____

b. _____

c. _____

d. _____

e. _____

f. _____

B **1.** a   b   c

    2. a   b   c

    3. a   b   c

    4. a   b   c

CAPÍTULO **14**

Listening Comprehension Test

(This test contains 10 items for convenience of scoring.)

A   SÍ   NO

1. _____   _____

2. _____   _____

3. _____   _____

4. _____   _____

B 1. a   b   c

2. a   b   c

C 1. _____

2. _____

3. _____

4. _____

UNIT TEST: CAPÍTULOS **12–14**

Listening Comprehension Test

(This test contains 10 items for convenience of scoring.)

A 1. a   b   c

 2. a   b   c

 3. a   b   c

 4. a   b   c

 5. a   b   c

B   CLIENTE   MESERO

 1. _____   _____

 2. _____   _____

 3. _____   _____

C   SÍ   NO

 1. _____   _____

 2. _____   _____

Answer Key

Listening Comprehension Tests

CAPÍTULO 1

A.
a. 1
b. 3
c. 4
d. 5
e. 2

B.
1. a
2. b
3. b

C.
1. who the boy is
2. Mexico

CAPÍTULO 2

A.
1. sí
2. no
3. no
4. no

B.
1. one
2. more than one
3. more than one

C.
1. b
2. a
3. c

CAPÍTULO 3

A.
1. en la tienda de ropa
2. en la papelería
3. en la caja
4. en la tienda de ropa

B.
1. b
2. b
3. a
4. a
5. c
6. b

CAPÍTULO 4

A.
1. b
2. a
3. c

B.
1. one
2. more than one
3. more than one
4. one
5. more than one

C.
1. sí
2. no

UNIT TEST: CAPÍTULOS 1–4

A.
1. no
2. sí
3. no
4. sí
5. sí

B.
1. c
2. a
3. b
4. c
5. a

CAPÍTULO 5

A.
1. en el café
2. en la papelería
3. en el café
4. en el mercado
5. en la tienda de ropa
6. en el mercado

B.
1. c
2. b
3. a
4. c

CAPÍTULO 6

A 1. sí
2. no
3. no
4. sí
5. no
6. no

B 1. a
2. b
3. c
4. c

CAPÍTULO 7

A 1. sí
2. no
3. no
4. no
5. no

B 1. b
2. a
3. b
4. a
5. b

UNIT TEST: CAPÍTULOS 5–7

A 1. el fútbol
2. el béisbol
3. el básquetbol

B 1. c
2. b
3. b
4. b
5. a
6. a
7. c

CAPÍTULO 8

A 1. no
2. sí
3. sí
4. no
5. no
6. sí

B 1. Cuba
2. en la Universidad de Florida

3. seis
4. Es especialista (un médico muy famoso).

CAPÍTULO 9

A 1. en la playa (en la piscina, en la estación de esquí)
2. en la estación de esquí
3. en la playa
4. en la estación de esquí
5. en la tienda
6. en el café

B 1. a
2. c
3. b
4. a

CAPÍTULO 10

A 1. a
2. b
3. b
4. c

B 1. b
2. c
3. b
4. c
5. b
6. a

CAPÍTULO 11

A a. 2
b. 5
c. 3
d. 1
e. 4

B 1. a
2. a
3. b
4. b
5. a

UNIT TEST: CAPÍTULOS 8–11

A 1. no
2. sí
3. no
4. sí
5. no

B.
1. b
2. a
3. b
4. a
5. b

CAPÍTULO 12

A.
1. sí
2. sí
3. no
4. no
5. sí
6. no
7. sí

B.
1. b
2. a
3. c

CAPÍTULO 13

A.
a. 6
b. 2
c. 1
d. 5
e. 4
f. 3

B.
1. b
2. a
3. c
4. a

CAPÍTULO 14

A.
1. no
2. sí
3. sí
4. no

B.
1. b
2. b

C.
1. para esta noche
2. las ocho y media
3. ocho
4. García

UNIT TEST: CAPÍTULOS 12–14

A.
1. a
2. c
3. a
4. b
5. b

B.
1. cliente
2. mesero
3. cliente

C.
1. sí
2. no

Audio Script

Listening Comprehension Test

CAPÍTULO 1

A. You will hear five statements, each describing one of the illustrations. Write the number of the statement under the illustration it describes.

1. Juanito es muy serio.
2. Teresa es rubia.
3. Anita es muy graciosa.
4. Ella es muy perezosa.
5. Tomás es alto.

B. You will hear three statements. On your answer sheet, circle *a* if the statement describes a boy. Circle *b* if it describes a girl.

1. Es bajo y feo.
2. Es alta y bonita.
3. Es una amiga sincera.

C. You will hear a conversation between Carlos and Sarita. After the conversation, you will have 30 seconds to answer the questions on your answer sheet. You may write your answers in English.

CARLOS:	Hola, Sarita.
SARITA:	Hola, Carlos. ¿Qué tal?
CARLOS:	Bien, ¿y tú?
SARITA:	Bien. Oye, Carlos. ¿Quién es el muchacho?
CARLOS:	¿El muchacho alto?
SARITA:	Sí, él.
CARLOS:	Pues, es Eduardo. Es de México.
SARITA:	Ah, es mexicano. Es bastante guapo.

CAPÍTULO 2

A. You will hear four conversations. If the conversation makes sense, check **sí** on your answer sheet. If it does not make sense, check **no.**

1. —Él es bastante feo, ¿no?
   —¿Quién? ¿Carlos?
   —Sí.
   —No, de ninguna manera. Él es bastante guapo.

2. —Es una clase muy interesante, ¿no?
   —Sí, y es muy difícil. Y la profesora es una persona muy aburrida.

3. —Es una clase bastante grande, ¿no?
   —Sí, hay unos diez alumnos.

4. —¿Son puertorriqueños los amigos de José?
   —Sí, son de Buenos Aires, en la Argentina.

B. You will hear three statements. After each one, indicate whether it is about one person or thing or more than one.

1. Es inteligente, guapo y popular.
2. Son alumnos muy serios y buenos.
3. Son interesantes.

C. You will hear three statements or questions, each followed by three possible responses. Choose the correct response and circle *a, b,* or *c* on your answer sheet.

1. ¿Son Uds. de Puerto Rico?
   a. Sí, son de San Juan.
   b. Sí, somos de San Juan.
   c. Sí, eres de San Juan.

2. ¿Eres americano?
   a. Sí, soy americano.
   b. Sí, eres americano.
   c. Sí, son americanos.

3. ¿Quiénes son amigos?
   a. Yo.
   b. José.
   c. José y Felipe.

CAPÍTULO 3

A. You will hear four conversations. After each one, indicate whether the conversation takes place in a stationery store, a clothing store, or at the cashier's counter.

1. —Sí, señor, ¿qué necesita Ud.?
   —Un par de tenis, por favor.
   —¿Qué número usa Ud.?
   —Treinta y seis.

2. —¿Qué busca Ud.?
   —Un bolígrafo.
   —¿Necesita Ud. un color especial?
   —Azul o negro, por favor.

3. —¿Cuánto es la carpeta?
   —Veinticinco pesos.
   —Gracias, señor.
   —De nada.

4. —Necesito un pantalón.
   —¿Largo o corto?
   —Largo, por favor. Y no muy caro.
   —¿De qué color?
   —Negro o gris.

B. You will hear six questions, each followed by three possible responses. Choose the best response and circle *a, b,* or *c* on your answer sheet.

1. ¿Qué necesitas?
   a. Necesitas un cuaderno.
   b. Necesito una calculadora nueva.
   c. Sí.

2. ¿Con quién hablas?
   a. El dependiente habla.
   b. Hablo con el dependiente en la papelería.
   c. Hablas con el empleado.

3. ¿Qué talla usas?
   a. Treinta y seis.
   b. El número.
   c. Una camiseta.

4. ¿Qué color necesitas?
   a. Necesito el rojo.
   b. Necesitas el rojo.
   c. Necesita el rojo.

5. ¿Llevas tenis a la escuela?
   a. Sí, llevas tenis.
   b. No, el alumno lleva materiales escolares.
   c. No, llevo zapatos.

6. ¿Dónde pagas?
   a. Mucho.
   b. En la caja.
   c. Con el dependiente.

CAPÍTULO 4

A. You will hear three questions, each followed by three possible responses. Choose the best response and circle *a, b,* or *c* on your answer sheet.

1. ¿Cómo van los alumnos a la escuela?
   a. Van a eso de las ocho de la mañana.
   b. Llegan en el bus escolar.
   c. Entran en la escuela.

2. ¿Quién enseña?
   a. La profesora.
   b. La pizarra.
   c. La alumna.

3. ¿Qué toman los alumnos cuando la profesora habla?
   a. Atención.
   b. Exámenes.
   c. Apuntes.

B. You will hear five statements. After each one, indicate whether the statement refers to one person or more than one person.

1. Tomo apuntes.
2. Llegan a las ocho de la mañana.
3. Hablamos con el profesor.
4. Prestas mucha atención.
5. Van en carro.

C. You will hear two statements. If the statement makes sense, check **sí** on your answer sheet. If it does not make sense, check **no.**

1. Cuando los miembros del Club de español dan una fiesta, los alumnos que van a la fiesta bailan, cantan y toman una merienda.
2. Los profesores toman apuntes cuando los alumnos hablan.

UNIT TEST: CAPÍTULOS 1–4

A. You will hear five statements. If the statement makes sense, check **sí** on your answer sheet. If it does not make sense, check **no.**

1. Un muchacho alto es muy bajo.
2. Hay muchos alumnos en una clase grande.
3. Los alumnos van a la papelería donde compran la ropa que necesitan.
4. Los alumnos que estudian mucho sacan notas buenas.
5. Alejandro compra un cuaderno y paga en la caja.

B. You will hear five questions, each followed by three possible responses. Choose the best response and circle *a, b,* or *c* on your answer sheet.

1. ¿Adónde van los alumnos a comprar los materiales escolares que necesitan?
   a. Van a la tienda de ropa.
   b. Van de un salón a otro.
   c. Van a la papelería.

2. ¿Quiénes sacan notas buenas?
   a. Los alumnos que estudian mucho.
   b. Los alumnos que enseñan.
   c. Los alumnos que no prestan atención en clase.

3. ¿Adónde vas el viernes?
   a. El viernes, vas a una fiesta.
   b. El viernes, voy a una fiesta.
   c. El viernes, van a una fiesta.

4. ¿Qué miran Uds. en la clase de español?
   a. Miran un video.
   b. Miro un video.
   c. Miramos un video.

5. ¿Qué toman los alumnos cuando el profesor habla?
   a. Toman apuntes.
   b. Prestan atención.
   c. Tomamos un examen.

CAPÍTULO 5

A You will hear six short conversations. After each one, decide where it takes place. More than one conversation can be in the same place.

1. —¿Qué desean Uds.?
   —Para mí, una limonada, por favor.
   —Y para mí, un café con leche.
   —Sí, señores. Enseguida.

2. —¿Cuánto es el cuaderno, señor?
   —¿El cuaderno? Quince pesos.
   —¿Y el bolígrafo?
   —Diez pesos.
   —Gracias.

3. —La cuenta, por favor.
   —Sí, señorita. Enseguida.
   —¿Está incluido el servicio?
   —Sí, está incluido.

4. —¿A cuánto están los tomates?
   —Ah, los tomates de Andalucía. Deliciosos, señora. Están a ochenta el kilo.
   —Ochenta el kilo. Dios mío. Son muy caros los tomates.

5. —Es una camisa muy bonita. ¿Qué talla usa Ud.?
   —Treinta y seis.
   —Y es un color muy lindo.

6. —Un kilo de papas.
   —¿Y algo más, señora?
   —No, nada más, gracias.
   —Pues, las papas son veinte pesos.

B You will hear four questions, each followed by three possible responses. Choose the best response and circle a, b, or c on your answer sheet.

1. ¿Qué venden en el mercado?
   a. Refrescos y bocadillos.
   b. Periódicos y materiales escolares.
   c. Frutas, vegetales y carnes.

2. ¿Qué comes?
   a. Comes mucho.
   b. Como una hamburguesa.
   c. Él come un sándwich de jamón.

3. ¿Y para beber?
   a. Una Coca-Cola.
   b. Una ensalada.
   c. Un helado.

4. ¿Leen Uds. mucho en la clase de español?
   a. Sí, Uds. leen mucho.
   b. Sí, leo mucho.
   c. Sí, leemos mucho.

CAPÍTULO 6

A You will hear six statements. If the statement makes sense, check **sí** on your answer sheet. If it does not make sense, check **no.**

1. Los padres de mis padres son mis abuelos.
2. Los hijos de mis tíos son mis sobrinos.
3. Un muchacho que tiene catorce años es bastante viejo.
4. Vamos a invitar a todos nuestros amigos a la fiesta.
5. El garaje está en el tercer piso de la casa.
6. Una casa grande tiene tres cuartos.

B You will hear four questions, each followed by three possible responses. Choose the best response and circle a, b, or c on your answer sheet.

1. ¿Cuántos años tienes?
   a. Tengo catorce.
   b. Tengo que leer dos periódicos.
   c. Tengo un cumpleaños.

2. ¿Cómo subes al quinto piso?
   a. En el carro.
   b. Tomo el ascensor.
   c. Paso a la sala.

3. ¿Dónde preparan Uds. la comida?
   a. En el mercado.
   b. En el comedor.
   c. En la cocina.

4. ¿Por qué vas a comprar un regalo para Gloria?
   a. Tiene una invitación.
   b. Necesita algo.
   c. Mañana es su cumpleaños.

CAPÍTULO 7

A. You will hear a story about football. Listen carefully. Then you will hear five statements. If the statement is correct, check **sí** on your answer sheet. If it is not correct, check **no.**

El estadio aquí en Lima está lleno. Hay miles y miles de espectadores. El segundo tiempo empieza y los jugadores vuelven al campo. El Perú quiere ganar y tiene que ganar. El entusiasmo de los espectadores—es decir, los peruanos—es tremendo. Pero al empezar el segundo tiempo el tanto queda empatado en dos. Dos para el Perú y dos para el Ecuador.

¡A ver! ¿Quién va a meter otro gol?

1. El Perú juega contra el Ecuador.
2. Juegan en el estadio en Quito, Ecuador.
3. Juegan básquetbol.
4. Cuando empieza el segundo tiempo, el tanto queda empatado en cero.
5. Pero el Ecuador mete otro gol.

B. You will hear five questions, each followed by three possible responses. Choose the best response and circle *a, b,* or *c* on your answer sheet.

1. ¿Cuántos equipos juegan en un partido de fútbol?
   a. Hay once jugadores.
   b. Hay dos equipos.
   c. Juegan fútbol en el otoño.

2. ¿Queda empatado el tanto?
   a. Sí, dos en dos.
   b. Sí, el Perú es victorioso.
   c. Sí, el Perú tiene dos goles y el Ecuador tiene tres.

3. ¿Qué batea Rodríguez en la segunda entrada?
   a. Un guante.
   b. Un jonrón.
   c. Un gol.

4. ¿Encesta Buñuelos?
   a. Sí, mete el balón en el cesto y marca un tanto.
   b. Sí, el balón pasa por encima de la red.
   c. Sí, driblan con el balón.

5. ¿Dónde juegan baloncesto?
   a. En un campo de fútbol.
   b. En una cancha.
   c. En una base.

UNIT TEST: CAPÍTULOS 5–7

A. You will hear three short broadcasts, each about a sporting event. After each one, decide which sport is being discussed and check the appropriate column on your answer sheet.

1. El Perú tiene el balón. Cárdenas lo lanza con el pie izquierdo. El balón vuela por el aire. ¿Lo bloquea el portero? No. Entra en la portería y Cárdenas mete un gol. Marca un tanto para el Perú.

2. Valenzuela corre de segunda a tercera. López sale de tercera. A ver si llega al platillo. El jardinero tira la pelota. El pícher la atrapa.

3. Salas dribla con el balón. Lo pasa a Sandoval. Sandoval tira el balón y encesta.

B. You will hear seven short conversations. After each one, decide where it takes place and circle *a, b,* or *c* on your answer sheet.

1. —¿Qué desean?
   —Para mí, una ensalada de atún, por favor.
   —¿Y para beber?
   —Un té helado, por favor.

2. —¿Qué lees, papá? ¿El periódico?
   —Sí. Y tú, ¿vas a ver un video?
   —No, porque hay una película muy buena en la tele.

3. —¿Te gusta bailar?
   —Sí, mucho.
   —Pues, ¿por qué no bailamos?

4. —Quiero un paquete de zanahorias congeladas.
   —Están allí en el departamento de productos congelados.

5. —¿Quiénes van a ganar?
   —Pues, es difícil decir. En este momento el tanto queda empatado.
   —Sí, y los dos equipos están jugando muy bien.

6. —¿A cuánto están los tomates?
   —Hoy los tomates están a noventa el kilo.
   —¿Noventa el kilo?
   —Sí, es verdad que son un poco caros.

7. —¡Qué blusa más bonita! Es un regalo
   fabuloso.
   —¿Te gusta, Anita?
   — Mucho. Mil gracias, tía Elena.
   —De nada, Anita. ¡Y feliz cumpleaños!

CAPÍTULO 8

A. You will hear six short conversations. After each
one, check **sí** if the conversation makes sense.
Check **no** if it does not make sense.

1. —Estornudas mucho, ¿no?
   —Sí, estornudo cuando tengo un dolor de
   estómago.

2. —¿Estás nervioso?
   —Sí, porque mañana tengo un examen. Va
   a ser muy difícil y quiero recibir una
   nota muy buena.

3. —¿Por qué tienes que guardar cama?
   —Estoy enfermo.

4. —¿Adónde vas con la receta?
   —A la consulta del médico.

5. —Juanito, abre la boca.
   —¿Por qué?
   —Te voy a examinar los ojos.

6. —¿Cómo estás, Teresa? ¿Estás bien?
   —No, estoy muy cansada y bastante débil.
   —¿Tienes fiebre?
   —Puede ser.
   —¿Por qué no vas a ver al médico?

B. Listen to the following selection and then
answer the questions about it.

El doctor Antonio Gassett es de Cuba pero
ahora trabaja en la Universidad de la Florida.
Vive con su mujer y sus seis hijos. Él es un
médico muy famoso. Es especialista. Su
especialización es la oftalmología.

1. ¿De dónde es el doctor Gassett?
2. ¿Dónde está ahora?
3. ¿Cuántos hijos tiene el doctor Gassett?
4. ¿Qué es el doctor Gassett?

CAPÍTULO 9

A. You will hear six short conversations. After each
one, decide where the conversation takes place
and check the appropriate column on your
answer sheet.

1. —Qué día más bonito, ¿verdad?
   —Sí, es un día fabuloso. Pero, ¡cuidado! El
   sol es muy fuerte.
   —Sí, pero tengo una crema bronceadora
   protectora. ¿Quieres?
   —No, gracias. Tengo.

2. —¿Vas a bajar esta pista?
   —No, no. Yo no esquío mucho.
   —No eres experto, ¿eh?
   —No, de ninguna manera. Soy
   principiante.

3. —¿Dónde está el bebé?
   —Allí está. Le gusta mucho jugar en la
   arena.

4. —¿Adónde vas, Enrique?
   —Voy allá a la boletería. Quiero comprar
   tickets para el telesilla.

5. —Los anteojos de sol, ¿cuánto son, por
   favor?
   —Quinientos pesos.
   —¿Quinientos? ¿Tiene Ud. otros más
   baratos?

6. —¡Hola, José!
   —Hola, Miguel. ¿Quieres tomar algo?
   —Sí, un café sólo. ¿Dónde está el mesero?

B. You will hear four questions, each followed by
three possible responses. Choose the best
response and circle *a, b,* or *c* on your answer
sheet.

1. ¿Fuiste a las montanas?
   a. Sí, fui.
   b. Sí, fue.
   c. Sí, fuimos.

2. ¿Jugaron Uds. singles?
   a. Sí, jugaron singles.
   b. No, jugué dobles.
   c. No, jugamos dobles.

3. ¿Esquiaron ellos en el agua?
   a. Sí, esquiamos en el agua.
   b. Sí, esquiaron en el agua.
   c. Sí, esquiaste en el agua.

4. ¿Dónde compraste la raqueta?
   a. La compré en Padín.
   b. Lo compré en Padín.
   c. Las compró en Padín.

CAPÍTULO 10

A. You will hear four short conversations, each
followed by a question and three responses.
Choose the best response and circle *a, b,* or *c* on
your answer sheet.

1. —Qué lindo, ¿verdad?
   —De acuerdo. Es una maravilla.
   —Es mi cuadro favorito. Me gusta mucho.
   —El estilo del pintor me fascina.

   ¿Dónde están los amigos?

   a. En el museo.
   b. En el teatro.
   c. En una escuela de arte.

2. —La cola es muy larga, ¿no?
   —Sí, lo es. Es una película popular.
   —¿A qué hora es la próxima sesión?
   —A las ocho y veinte.

   ¿Dónde están las personas que hablan?

   a. En el teatro.
   b. En la taquilla.
   c. En un café.

3. —¿Cómo volviste a casa?
   —Tomé el metro.
   —¿Tomaste el metro? ¿Por qué?
   —Pues, perdí el autobús y el taxi cuesta mucho.

   ¿Cómo volvió a casa el joven?

   a. En taxi.
   b. En metro.
   c. En autobús.

4. —¿Qué te pasa?
   —No puedo ver muy bien.
   —¿Por qué? ¿Necesitas anteojos?
   —No, no. Estamos muy cerca de la pantalla.

   ¿Dónde están los amigos?

   a. En la pantalla.
   b. En la tienda.
   c. En el cine.

B You will hear six questions, each followed by three possible responses. Choose the best response and circle *a, b,* or *c* on your answer sheet.

1. ¿Salieron Uds. anoche?
   a. Sí, salieron a eso de las nueve.
   b. Sí, salimos.
   c. ¿Quiénes salieron?

2. ¿A qué hora volviste?
   a. No volviste.
   b. Volvimos tarde.
   c. Volví tarde.

3. ¿Les gustó la obra?
   a. Sí, salieron.
   b. Sí, aplaudieron mucho.
   c. Sí, vieron la obra.

4. ¿Quiénes aplaudieron?
   a. Los aplausos.
   b. Los actores.
   c. El público.

5. ¿Quién fue el autor?
   a. García Lorca lo pintó.
   b. García Lorca lo escribió.
   c. García Lorca la presentó.

6. ¿Dónde vieron la exposición?
   a. En el museo.
   b. En la estatua.
   c. En el teatro.

CAPÍTULO 11

A You will hear five statements describing things that you do in the airport. Write the number of the statement under the illustration it describes.

1. Compro el boleto.
2. Pongo el equipaje en la báscula.
3. Paso por el control de seguridad.
4. Voy al avión con el equipaje de mano.
5. Salgo por la puerta número ocho.

B You will hear five questions, each followed by two responses. Choose the best response and circle *a* or *b* on your answer sheet.

1. ¿Está a tiempo el vuelo?
   a. No sé. Tenemos que mirar la pantalla de salidas.
   b. No sé. Tenemos que pasar por el control de seguridad.

2. ¿Tiene equipaje?
   a. Tengo dos maletas.
   b. Tengo dos tarjetas.

3. ¿Qué pone el agente en la maleta?
   a. Pone el pase.
   b. Pone el talón.

4. ¿Quién les da la bienvenida a los pasajeros a bordo del avión?
   a. El agente de aduana.
   b. El asistente de vuelo.

5. ¿Dónde inspeccionan el equipaje?
   a. En la aduana.
   b. En el reclamo de equipaje.

UNIT TEST: CAPÍTULOS 8–11

A. Look at the illustration on your answer sheet. You will hear five statements about it. If the statement describes the illustration accurately, check **sí** on your answer sheet. If the statement does not describe it accurately, check **no.**

1. Los pasajeros están recogiendo sus maletas.
2. Los pasajeros van a abordar el avión.
3. Los pasajeros están facturando su equipaje.
4. Los pasajeros están en la puerta de salida.
5. Los pasajeros están pasando por la aduana.

B. You will hear five questions, each followed by three possible responses. Choose the best response and circle *a, b,* or *c* on your answer sheet.

1. ¿Tiene la gripe?
   a. No sé pero le duelen mucho los ojos.
   b. Puede ser. Tiene tos. Tiene también fiebre y escalofríos.
   c. No, está enferma.

2. ¿Por qué quieren ir al cine?
   a. Están presentando una película muy buena.
   b. Hay una cola para comprar entradas.
   c. Tiene una pantalla pequeña.

3. ¿Esquió Ramón en el agua?
   a. Sí, cuando fue a la estación de esquí.
   b. Sí, cuando pasó el fin de semana en el balneario.
   c. Sí, en la piscina.

4. ¿Viste a María?
   a. Sí, la vi y le hablé.
   b. Sí, tú la viste.
   c. Sí, María la vio.

5. ¿Por qué tienes que ir a la farmacia?
   a. El médico me despachó unos medicamentos.
   b. El médico me dio una receta.
   c. El farmacéutico trabaja en la farmacia.

CAPÍTULO 12

A. You will hear seven questions, each followed by an answer. After each question, check **sí** if the answer makes sense. Check **no** if it does not make sense.

1. ¿Cuándo se levanta Gloria?
   Ella se levanta temprano por la mañana.

2. ¿Te lavaste las manos?
   Sí, las manos y la cara también.

3. ¿Cuándo toma el desayuno?
   Cuando se acuesta.

4. ¿Te cepillas los dientes?
   Sí, y las manos también.

5. ¿Vas a tomar una ducha?
   Quiero pero no puedo porque no hay jabón.

6. ¿Por qué quieres champú?
   Porque me voy a lavar la cara.

7. ¿Dónde van a pasar la noche los jóvenes?
   En un albergue juvenil.

B. You will hear three questions, each followed by three possible responses. Choose the best response and circle *a, b,* or *c* on your answer sheet.

1. Cuando te despiertas, ¿te levantas enseguida?
   a. Sí, me despierto enseguida.
   b. Sí, me levanto enseguida.
   c. Sí, te levantas enseguida.

2. ¿Cuándo se mira él en el espejo?
   a. Se mira en el espejo cuando se peina.
   b. Se mira en el espejo cuando me peino.
   c. No se miran en el espejo.

3. ¿Lo están pasando muy bien?
   a. Sí, pasan la noche.
   b. Sí, se despiertan.
   c. Sí, se divierten mucho.

CAPÍTULO 13

A. You will hear six statements about things that are going on in a train station. Write the number of the statement under the illustration it describes.

1. Compro el boleto en la ventanilla.
2. Miro el tablero de salidas.
3. El mozo puso el equipaje en el tren.
4. Los pasajeros están en el andén.
5. Compro una revista en el quiosco.
6. Me siento en un banco en la sala de espera.

B. You will hear four questions, each followed by three responses. Choose the best response and circle *a, b,* or *c* on your answer sheet.

1. ¿Dónde duermes en el tren?
   a. Duermo en el comedor.
   b. Duermo en una litera.
   c. Duermo en el andén.

2. ¿Salió el tren a tiempo?
   a. No, salió con retraso.
   b. Sí, salió tarde.
   c. Sí, salió con demora.

3. ¿Quién vino con las maletas?
   a. El andén vino con las maletas.
   b. El pasajero vino con el billete.
   c. El maletero vino con el equipaje.

4. ¿Dónde hay un tablero de llegadas y salidas?
   a. En la estación de ferrocarril.
   b. En el tren.
   c. En el control de seguridad.

CAPÍTULO 14

A You will hear a conversation, followed by four statements about it. If the statement is accurate, check **sí** on your answer sheet. If the statement is not accurate, check **no.**

—Sí, señores. ¿Han decidido?
—Pues, ¿nos puede hacer una recomendación?
—Les recomiendo la especialidad de la casa.
—Y la especialidad, ¿qué es?
—Es un pollo servido con arroz amarillo. El arroz lleva ajo, pimientos, cebollas y camarones. Es un plato muy rico, delicioso.
—Muy bien. Para mí, la especialidad.
—Para mí, no. Desgraciadamente tengo alergia a los camarones.

1. Los dos amigos saben exactamente lo que van a comer.
2. Quieren una recomendación o sugerencia del mesero.
3. El mesero les recomienda la especialidad de la casa.
4. Los dos amigos piden la especialidad.

B You will hear two questions, each followed by three possible responses. Based on the information in the conversation, choose the best response and circle *a, b,* or *c* on your answer sheet.

1. ¿Cuál es la especialidad de la casa?
   a. Un cerdo asado.
   b. Un pollo servido con arroz.
   c. Camarones.

2. ¿De qué color es el arroz?
   a. Blanco.
   b. Amarillo.
   c. Lleva ajo.

C You will hear a telephone conversation. Then you will be asked to answer some questions about it.

—¡Diga!
—Sí, señor. Quisiera reservar para esta noche. ¿Es posible?
—Un momentito, por favor. Sí, señor. ¿Para cuántas personas?
—Somos ocho.
—De acuerdo. Ocho personas. ¿Para qué hora, por favor?

—Las ocho y media.
—¿Y a nombre de quién?
—A nombre de García.
—Conforme, señor. Una mesa para ocho a las ocho y media a nombre de García.

Now answer the questions.

1. ¿Para cuándo es la reservación?
2. ¿Para qué hora?
3. ¿Para cuántas personas?
4. ¿A nombre de quién?

UNIT TEST: CAPÍTULOS 12–14

A You will hear five questions, each followed by three possible responses. Choose the best response and circle *a, b,* or *c* on your answer sheet.

1. ¿Cuándo te cepillas los dientes?
   a. Después de comer.
   b. Con un cepillo y pasta dentífrica.
   c. Cuando voy al dentista.

2. ¿Por qué te pones la chaqueta?
   a. Porque me gusta la ropa.
   b. La pongo en la maleta.
   c. Porque hace frío.

3. ¿Por qué no estás comiendo?
   a. No puedo porque no tengo tenedor.
   b. Porque no hay un mantel en la mesa.
   c. El mesero está comiendo.

4. ¿Por qué necesita una navaja?
   a. Porque va a peinarse.
   b. Porque va a afeitarse.
   c. Porque va a lavarse.

5. ¿Cuándo te acuestas?
   a. A las siete de la mañana.
   b. A las diez y media de la noche.
   c. Me acuesto después de las clases.

B You will hear three statements or questions. After each one, indicate whether the client is speaking or the waiter is speaking. Check the appropriate column on your answer sheet.

1. ¿Tiene Ud. pollo con arroz?
2. ¿Qué desean tomar?
3. Quiero una alcachofa.

C You will hear two statements. After each one, check **sí** if the statement makes sense. Check **no** if it does not make sense.

1. Los pasajeros pueden esperar el tren en la sala de espera de la estación de ferrocarril, pero tienen que ir al andén para abordar.

2. El revisor ayuda a los pasajeros a llevar su equipaje de la entrada de la estación de ferrocarril al andén.

SPEAKING TESTS

CAPÍTULO **1**

Speaking Test

A Answer each question based on the illustration.

1. ¿De dónde es Guadalupe?

2. ¿Es ella alumna?

3. ¿Dónde es alumna Guadalupe?

4. ¿Es ella alta o baja?

5. ¿De qué nacionalidad es Guadalupe?

B Answer each question about yourself.

1. ¿Quién eres?

2. ¿De dónde eres?

3. ¿Dónde eres alumno o alumna?

4. ¿Quién es un amigo muy bueno?

5. ¿Y quién es una amiga muy buena?

CAPÍTULO 2

Speaking Test

A. Answer the following questions with complete sentences.

1. ¿A qué hora es la clase de español?

2. ¿Es grande o pequeña la clase?

3. ¿Cuántos alumnos hay en la clase de español?

4. ¿Quién es el profesor o la profesora de español?

5. ¿Es una clase interesante o aburrida?

CAPÍTULO **3**

Speaking Test

A Answer the following questions according to the illustrations.

1. ¿Qué necesitas? _____

2. ¿Dónde pagas? _____

3. ¿Qué compras? _____

4. ¿En qué llevas los materiales escolares? _____

B Interact in this conversation, which takes place in a clothing store. Your teacher will play the part of the salesclerk.

Dependiente(a): ¡Hola!

Tú: _____

Dependiente(a): ¿Qué tal?

Tú: _____

Dependiente(a): ¿Qué desea Ud.?

Tú: _____

Dependiente(a): ¿Qué talla usa Ud.?

Tú: _____

Dependiente(a): ¿Necesita Ud. un color especial?

Tú: _____

CAPÍTULO **4**

Speaking Test

A Answer the following questions based on the illustration.

1. ¿Cómo llegan los alumnos a la escuela?

2. ¿Cómo llevan los alumnos los materiales escolares?

3. En clase, ¿qué toman los alumnos cuando la profesora habla?

B Answer the following questions with complete sentences.

1. ¿Estudian Uds. mucho?

2. ¿Llevan Uds. uniforme a la escuela?

UNIT TEST: CAPÍTULOS 1–4

Speaking Test

A. Answer the following questions with complete sentences.

1. ¡Hola! ¿Qué tal?

2. ¿Quién eres?

3. ¿Qué estudias en la escuela?

4. ¿Qué ropa llevan los alumnos a la escuela?

5. ¿Cómo vas a la escuela?

B. Give at least one sentence to describe each illustration.

1.

2.

3.

4.

5.

CAPÍTULO 5

Speaking Test

A. Respond to the following.

1. Ud. está en el café. Habla el mesero:
—¿Qué desea Ud.?

2. Ud. está en el café. Habla el mesero:
—¿Para beber?

3. Ud. está en el café. Habla el mesero:
—¿Y para comer?

4. Ud. está en el mercado. Habla el dependiente:
—Los tomates están a noventa el kilo.

5. Ud. está en el mercado. Habla el dependiente:
—¿Algo más?

CAPÍTULO 6

Speaking Test

A Answer the following questions about yourself.

1. ¿Dónde vives?

2. ¿Cuántos años tienes?

3. ¿Tienes una familia grande o pequeña?

4. ¿Dónde viven tus abuelos?

B Describe your house or apartment.

C Describe the illustration.

CAPÍTULO **7**

Speaking Test

A. Choose one of the following sports and tell as much about it as you can.

el fútbol

el béisbol

el básquetbol

UNIT TEST: CAPÍTULOS 5–7

Speaking Test

A Answer the following questions based on the illustration.

1. ¿Hay una mesa libre en el café?

2. ¿Qué tiene el mesero en la mano?

3. ¿Qué paga el señor?

B Tell at least three things about your favorite sport.

C Answer the following questions about yourself.

1. ¿Tienes una familia grande o pequeña?

2. ¿Cuántos años tienes?

3. ¿Qué te gusta comer?

4. ¿Dónde vives?

CAPÍTULO **8**

Speaking Test

A Answer the following questions with complete sentences.

1. ¿Cómo estás hoy?

2. ¿Adónde vas cuando estás enfermo(a)?

3. ¿Dónde está el consultorio del médico?

4. ¿Cómo es tu médico? ¿Es una persona simpática?

5. ¿Te examina el médico cuando vas a la consulta?

CAPÍTULO 9

Speaking Test

A. Tell your teacher whether you prefer to go to a beach or to go skiing in the mountains. Then describe your last trip to the beach or to the mountains.

CAPÍTULO 10

Speaking Test

A Choose one of the illustrations and describe it to your teacher.

CAPÍTULO 11

Speaking Test

A. Talk about all the things you do in order to take a plane trip.

B. Tell your teacher all the steps to take upon arriving in a foreign country.

UNIT TEST: CAPÍTULOS 8–11

Speaking Test

A. Pretend you are ill and your teacher is the doctor. Explain all your problems and symptoms.

B. Ask two questions you might have to ask when at an airport.

C. Describe a day's outing at the beach.

CAPÍTULO 12

Speaking Test

A. Tell your teacher as much as you can about your daily routine.

CAPÍTULO 13

Speaking Test

A. Tell your teacher about some of the things one might find in a train station.

B. Look at the illustration and tell your teacher five things that are going on.

C. You are planning to go from Madrid to Sevilla by train next week. Tell your teacher everything you are going to do that day.

CAPÍTULO 14

Speaking Test

A. Tell your teacher some things you like to order when you go to a restaurant.

B. Tell your teacher about the last time you went to a restaurant.

UNIT TEST: CAPÍTULOS **12–14**

Speaking Test

A Answer according to the illustration.

1. ¿Dónde están los pasajeros?

2. ¿Adónde van?

3. ¿Quién los ayuda con su equipaje?

B Tell your teacher as much as you can about your daily routine.

C Tell your teacher whether or not you like to eat in a restaurant. What restaurant do you usually go to and what do you order?

Speaking Tests

Class _____

Student	Test	Date	Score

PROFICIENCY TESTS

CAPÍTULO 1

Proficiency Test

A. Write a brief description of yourself.

_____

_____

_____

B. Write as much as you can about this person.

_____

_____

_____

Nombre _____ Fecha _____

C. Read the following and answer the questions.

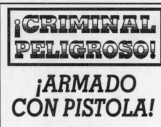

¡CRIMINAL PELIGROSO!

¡ARMADO CON PISTOLA!
Nombre:
ANTONIO VALERA BUJONES

Rubio, alto (casi dos metros)
De nacionalidad venezolana

1. Who is the "wanted" person? _____

2. What's he armed with? _____

3. What's his nationality? _____

4. What's his height? _____

5. What color hair does he have? _____

6. What word means "dangerous"? _____

CAPÍTULO 2

Proficiency Test

A. Write a brief description of two friends or classmates.

_____

_____

_____

_____

B. Write at least three sentences about one of your classes.

_____

_____

_____

C. Write out your class schedule in Spanish.

_____

_____

_____

CAPÍTULO **3**

Proficiency Test

A. Write a list of supplies you use frequently in school.

_____

_____

B. You are going to spend some time in Spain. Write down some expressions you want to remember because you know you will have to use them when you are shopping.

_____

_____

C. Read the following advertisement and answer the questions.

PANTALONES CORTOS

Un gran surtido de tallas y colores

Precios especiales—un descuento del 20%

Viernes y sábado—8 y 9 de septiembre

TIENDA FLORIDA
Avenida Sarmiento
Aparcamiento gratis

1. What are they selling? _____

2. What discount are they offering? _____

3. What days are the special prices in effect? _____

4. What word means "selection" or "assortment"? _____

5. What sizes and colors do they have? _____

6. What's the name of the store? _____

7. Where is it located? _____

8. How much does it cost to park? _____

CAPÍTULO 4

Proficiency Test

A. Write a note to a Spanish-speaking friend. Tell him or her all you can about a typical school day. Describe what you do in school.

_____

_____

_____

B. Read the following ad and answer the questions.

> **NECESITAMOS MUCHACHO O MUCHACHA PARA TRABAJAR A TIEMPO PARCIAL EN LA TIENDA BACARDÍ—EN EL DEPARTAMENTO DE ROPA.**
>
> Horas: 4:30 de la tarde hasta las 9:00 de la noche
>
> Salario: 200 pesos la hora
>
> La experiencia no es necesaria.

1. What do they need? _____

2. What kind of business is it? _____

3. Is the work full- or part-time? _____

4. What are the hours? _____

5. What do they pay? _____

6. Is any experience necessary? _____

C. Read the following ad and answer the questions.

```
┌─────────────────────────────────────────┐
│           CURSOS DE INGLÉS                │
│                                           │
│              ❋❋❋❋❋❋❋                      │
│  Profesores nativos de Inglaterra y los Estados Unidos │
│           5 alumnos por grupo             │
│            Precios razonables             │
│            Horarios flexibles             │
│    Incluso clases nocturnas y sábados     │
│                                           │
│              ❋❋❋❋❋❋                       │
│                                           │
│          INSTITUTO BYRON                  │
│          PLAZA SAN MARTÍN                 │
│          TEL: 420 64 50                   │
└─────────────────────────────────────────┘
```

1. What's the ad for? _____

2. What's the name of the institution? _____

3. Where is it located? _____

4. What's the expression for "night classes"? _____

D. Give the following information according to the ad.

1. number of students per class _____

2. background of teachers _____

3. price _____

4. schedules _____

CAPÍTULO 5

Proficiency Test

A. Write a short paragraph describing the illustration.

_____

_____

_____

_____

B. Answer the following questions.

1. ¿Qué venden en el supermercado? _____

2. ¿Qué comes en el almuerzo? _____

C. Read the following advertisement and answer the questions.

**Cenas de Lunes a Jueves:
comen "dos" paga "uno"**
(No vísperas festivos)

Sábado y domingo mediodía Bufette libre
20 platos. 1.500 ptas.

Lopez de Hoyos, 10 • (entre Serrano y Castellana) Tel.: 91 564 16 16

1. What nationality is the restaurant? _____

2. For what nights does the restaurant have a special offer? _____

3. What's the offer?

_____

4. What day(s) do they serve a midday buffet? _____

5. How much is it? _____

6. How does the ad express the idea "two for the price of one"? _____

CAPÍTULO 6

Proficiency Test

A. Write a short paragraph about your family.

_____

_____

_____

_____

B. Write a real estate ad to sell a house, yours or someone else's. Tell the location of the house, the number of floors, the number of rooms, what the rooms are. Add anything else you consider important.

_____

_____

_____

_____

_____

C. Read the following advertisement and answer the questions.

¿Por qué no vives en la zona residencial Costa Norte?

Edificio Las Palmas Tropicales

- CERCA DE UN PARQUE BONITO
- APARTAMENTOS DE LUJO, AMPLIOS Y ELEGANTES
- 3 Y 4 DORMITORIOS, 2 BAÑOS
- AIRE ACONDICIONADO

Visita nuestra oficina de información.

Edificio Las Palmas Tropicales

Avda. Bosque del Mar 248

Planta baja

---

1. Is this advertisement for private houses? _____

2. What is Las Palmas Tropicales? _____

3. What's it near? _____

4. How many bedrooms and bathrooms do the units have? _____

5. What's a nice feature about the building? _____

6. Where is the information office located? _____

CAPÍTULO **7**

Proficiency Test

A Choose a sport that you learned about in Spanish class. Write as much as you can about it.

_____

_____

_____

_____

B Write an announcement for a sporting event at your school.

_____

_____

_____

_____

C Write something about yourself or someone else using the following verbs.

querer   volver   poder   jugar   preferir   dormir

1. _____

2. _____

3. _____

4. _____

5. _____

6. _____

CAPÍTULO 8

Proficiency Test

A. In a short paragraph tell how you feel when you have a cold. Give all your symptoms. Tell also what you do when you have a cold.

_____

_____

_____

_____

_____

B. Write a short paragraph describing a visit to your doctor's office.

_____

_____

_____

_____

_____

C. Write an original sentence using each of the following words.

1. el farmacéutico _____

2. la receta _____

3. tres pastillas al día _____

TESTING PROGRAM
Copyright © Glencoe/McGraw-Hill

¡**Buen viaje! Level 1 Capítulo 8** ᝏ **165**

D. Look at the advertisement and answer the questions that follow.

```
┌─────────────────────────────────────┐
│                                      │
│         HOSPITAL SAN CARLOS          │
│             BORROMEO                 │
│                                      │
│              SOLICITA                │
│         ENFERMERAS (OS)              │
│          GRADUADAS(OS)               │
│   Requisitos:                        │
│   • Licencia provisional o permanente│
│   • Bachillerato o Asociado en Ciencias de Enfermería │
│   • Disponibilidad para turnos rotativos │
│   • Curso de Intensivo               │
│       TECNICOS (AS) DE TERAPIA       │
│            RESPIRATORIA              │
│   Requisitos:                        │
│   • Licencia provisional o permanente│
│   • Disponibilidad para hacer turnos │
│   • Preferiblemente con experiencia  │
│            TECNICA DE                │
│          TRANSCRIPCION               │
│   Requisitos:                        │
│   • Conocimiento de términos médicos de radiología │
│   • Total dominio del inglés         │
│   • Maquinilla preferiblemente 1 año de experiencia. │
│                                      │
│   Ofrecemos competentes salarios y amplios │
│   beneficios marginales.             │
│                                      │
│   Los interesados, favor llamar al 877-8000 ext. │
│   282, pasar por la Oficina de Personal del Hospital │
│   San Carlos o enviar resumé a la siguiente dirección: │
│       Hospital San Carlos Borromeo   │
│        BOX 68, Moca, P. R. 00676     │
│                                      │
│   "Patrono con igualdad de oportunidades de empleo" │
│                                      │
└─────────────────────────────────────┘
```

1. What's the name of the hospital? _____

2. Where is it located? _____

3. What are they looking for? _____

4. What should interested people do? _____

5. What's the expression that means "equal opportunity employer"? _____

CAPÍTULO 9

Proficiency Test

A. Write two short paragraphs. In one, describe the summer weather where you live. In the other, describe the winter weather.

_____

_____

_____

_____

_____

_____

B. Choose one of the following illustrations and write a short paragraph about it.

_____

_____

_____

_____

_____

C. Write about some things you, your friends or family members did last week. You may wish to use words from the list below.

_____

_____

_____

_____

D. Read the ad and choose the correct completion for the each statement that follows.

1. Los apartamentos están en _____ .
   a. Chile **b.** España **c.** Puerto Rico

2. Los apartamentos están a diez kilómetros de la ciudad de _____ .
   a. Madrid **b.** Alicante **c.** Mediterráneo

3. Los apartamentos están cerca de _____ .
   a. un hotel **b.** una gran oferta **c.** una playa muy buena

4. La playa está en _____ .
   a. el hotel **b.** el mar Mediterráneo **c.** Alicante

CAPÍTULO 10

Proficiency Test

A. List the cultural activities that you enjoy.

_____

_____

B. Write a short paragraph about one of the following topics.

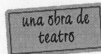 una película

 una obra de teatro

un museo

_____

_____

_____

_____

_____

C. Read the ad and then answer the questions that follow.

Concierto Sinfónico con Luces Láser

con La Orquesta Sinfónica de Puerto Rico a beneficio de "Te Escuchamos Juventud"

Centro de Bellas Artes, Sábado 13 de marzo

LOS PLANETAS DE HOLTS

Disfrute de la experiencia única de deleitar sus sentidos asistiendo a este novedosísimo concierto, donde por primera vez en Puerto Rico se realizará el más deslumbrante espectáculo musical acompañado de Luces Láser. Bajo la dirección del Maestro Roselín Pabón.

El sistema de Luces Láser estará a cargo de la compañía Laser Spectacles, Inc.
Taquillas: $25.00 planta alta • $30.00 planta baja

1. ¿Qué se va a presentar?

_____

2. ¿Cuándo?

_____

3. ¿Dónde?

_____

4. ¿Cuánto es la entrada en la planta baja?

_____

5. ¿Y en la planta alta?

_____

CAPÍTULO 11

Proficiency Test

A In a short paragraph, describe all that is going on in the illustrations. Use the present progressive form of the verbs.

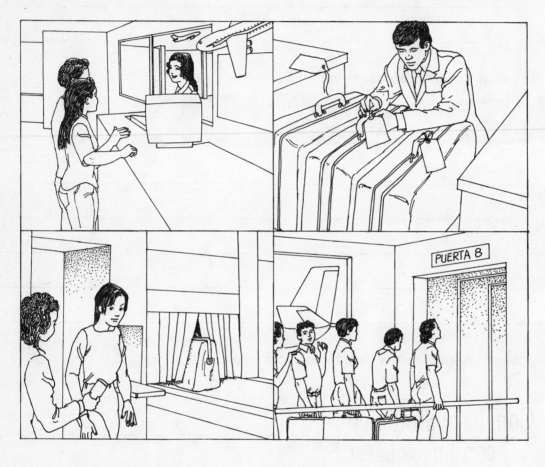

_____

_____

_____

_____

_____

_____

B Look at the airline ticket. Fill it out completely. Use your own name as the name of the passenger. Pretend you took this trip and answer the questions that follow.

aeroméxico	Origen		Destino		
Nombre de pasajero					
De	Transportador	Vuelo y Clase	Fecha	Hora	
A					
Pasaje	Total		aeroméxico		
Impuestos					

1. ¿Adónde fuiste? _____

2. ¿De dónde saliste? _____

3. ¿Cuál es el nombre de la línea aérea? _____

4. ¿Cuál fue el número de tu vuelo? _____

5. ¿Qué día saliste? _____

6. ¿A qué hora salió el vuelo? _____

7. ¿Cuál fue la tarifa? ¿Cuánto pagaste? _____

CAPÍTULO **12**
Proficiency Test

A Write a short paragraph describing your routine morning activities.

_____

_____

_____

_____

B Pretend that last week you or a friend arrived at school late. Write a short paragraph explaining why.

_____

_____

_____

_____

CAPÍTULO 13
Proficiency Test

A. Write a list of words and expressions that you would have to use at a train station.

_____

_____

_____

B. Choose at least ten words from your list in Activity A and use them in original sentences.

_____

_____

_____

_____

_____

_____

_____

_____

_____

_____

C. Organize your sentences from Activity B to develop a paragraph about a train station. If necessary, add some sentences to fill in any gaps.

_____

_____

_____

_____

D. Read the following passage and answer the questions that follow.

El tren que va de San José a Puerto Limón en Costa Rica se debe a Henry Meiggs, un norteamericano legendario. Meiggs fue responsable de la construcción del Ferrocarril Central en los Andes del Perú. El gobierno de Costa Rica invitó a Meiggs a construir un ferrocarril de Puerto Limón, en la costa del Caribe, a la capital, San José. Meiggs hizo responsable de la obra a su sobrino, Minor C. Keith. Terminaron la construcción en 1891. Keith construyó el ferrocarril y también desarrolló la industria bananera en Costa Rica. Él fue uno de los fundadores de la United Fruit Company en 1899.

1. What cities does the train connect? _____

2. Who was Henry Meiggs? _____

3. Who was Minor C. Keith? _____

4. Where had Henry Meiggs built a railroad? _____

5. Who built the railroad in Costa Rica? _____

6. What industry did Keith develop in Costa Rica? _____

7. What company did he found? _____

CAPÍTULO **14**

Proficiency Test

A. Write several questions that you would probably ask in a restaurant.

_____

_____

_____

_____

B. Read the following advertisement and answer the questions that follow.

RESERVACIONES SON INDISPENSABLES
DESPUES DE LAS 6:00 P.M.
738-4016
Aceptamos las principales tarjetas de crédito.

Jájome Terrace

Cayey

LEYENDA
••• Ruta a Jájome Terrace

A 15 min. de la Autopista

Jájome Terrace
CARR. PR-15 Km. 18.6
Cayey, Puerto Rico
Tel. 738-4016

¡TODO LO QUE PUEDA COMER!
por SOLO **$10.95**

Bebidas y Postre Adicional
(niños menores de 12 años-a mitad de precio)
DISFRUTE NUESTRAS
DELICIOSAS ENSALADAS, FAMOSA SOPA DE QUESO,
PLATOS "CREOLE", CLIMA (65°F-75°F)
Y VISTA PANORAMICA DEL MAR CARIBE
ABIERTO
Miércoles a Sábado
12:00 del mediodía hasta 9:00 p.m.
Domingos y Días Feriados
12:00 del mediodía hasta 6:00 p.m.
Atendido por su dueña
Zaida Clemons

1. What's the name of the restaurant?

_____

2. Where is it located?

_____

3. What days is the restaurant open?

_____

4. What are the hours on Sundays and holidays?

_____

5. How much does a meal cost?

_____

6. How much can you eat for that price?

_____

7. What's not included in the price of $10.95? _____

8. Who's the owner of the restaurant? _____

9. Who can eat for half price? _____

10. What expression indicates that reservations are necessary? _____

NOTAS

NOTES

NOTAS

NOTAS